Deutsche Reichsgesetzgebung.
Text-Ausgaben mit Anmerkungen.

Das

Reichsbeamtengesetz

vom 31. März 1873

mit dem

Gesetze über die Kautionen der Reichsbeamten

vom 2. Juni 1869

und den

dazu ergangenen Verordnungen.

Nebst einer Zusammenstellung der besonderen Vorschriften für einzelne Beamtenklassen.

Text-Ausgabe mit Anmerkungen und Sachregister

von

O. Grandke,
Regierungsassessor.

Berlin,
Verlag von J. Guttentag (D. Collin)
1873.

Vorwort.

Der Norddeutsche Bund setzte sich von vorn herein vorwiegend Ziele eines Bundesstaates: nicht blos die Gesetzgebung auf einer Reihe von Gebieten sollte er üben, auch die Oberaufsicht, die Vertretung nach Außen und des Konsulatwesen; Heer und Flotte, Post und Telegraphie wurden als Bundesstaatsanstalten mit eigenen Finanzen in Aussicht genommen. Die Aufgaben der vollziehenden Gewalt, welche ihm hieraus erwuchsen, waren ohne eigne Organe nicht zu lösen und schon Art. 18 der Norddeutschen Bundesverfassung durfte die Anstellung besonderer Bundesbeamten als selbstverständlich behandeln.

Die Bildung und Fortentwickelung des Behördenorganismus ergab sich aus der Verfassung und Weiterbildung des Bundes von selbst; die Rechte und Pflichten der Beamten bedurften der gesetzlichen Regelung: allgemeine Rechtsgrundsätze reichten hier nicht aus; die einzelnen Landesgesetzgebungen wichen von einander ab und boten für die Besonderheiten des Bundes keinen Anhalt.

Schon 1868 wurde ein Gesetzentwurf, welcher einzelne Rechtsbeziehungen der Beamten ordnen wollte, beim Reichstage eingebracht, hier aber erheblich geändert und infolge dessen vom Bundesrathe abgelehnt. Ein neuer Entwurf, welcher den Gegenstand vollständiger behandelte, kam 1869 zur Vorlage, aber über die ersten Kommissionsberathungen nicht hinaus. Derselbe Entwurf wurde 1870 nochmals vorgelegt und gelangte zur Durchberathung in einer Kommission, aber nicht ans Plenum. Nach den Beschlüssen dieser Kommission (Sten.-Ber. 1870. Bd. 4. S. 805.) in einzelnen Punkten abgeändert wurde der Entwurf, als der Bund sich zum deutschen Reiche erweitert hatte, in der dritten Session der ersten Legislaturperiode unterm 8. April 1872. (Drucksachen Nr. 9.) zum dritten Mal an den Reichstag gebracht. In der 6. Sitzung der Session am 15. April fand die erste, in der 40. Sitzung am 11. Juni 1872 die dritte Berathung des Entwurfs statt. Der § 16 und die Abschnitte über die zwangsweise Versetzung in den Ruhestand, die Dienstvergehen, das Disziplinarverfahren, die Defekte und die Verfolgung vermögensrechtlicher Ansprüche wurden an Kommission III verwiesen und gelangten nach den Beschlüssen derselben (Drucks. Nr. 107.) in der 34. Sitzung am 4. Juni 1872 zur zweiten Berathung. Die übrigen Bestimmungen des Gesetzes durchliefen die zweite Lesung im Plenum in der 11. 12. und 13. Sitzung am 23. 25. und 26. April 1872. Bei den Berathungen im Reichstage vertrat den Entwurf der Geh. O.-Reg.-Rath Dr. Achenbach als Bundeskommissar.

Von den zahlreichen im Reichstage beschlossenen Abänderungen erachtete der Bundesrath die der §§ 19 und 25. für unannehmbar. Er brachte daher den Entwurf mit einer anderweiten Fassung dieser beiden §§, im übrigen aber nach den Beschlüssen des Reichstags in der vierten Session der ersten Legislaturperiode unterm 12. März 1873 (Drucks. Nr. 4) als neue Vorlage nochmals an den Reichstag, welcher nunmehr den Vorschlägen der verbündeten Regierungen sowohl bei deren Vorberathung im

Plenum, als auch bei der Schlußberathung in der 9. Sitzung der Session am 27. deff. Mon. beitrat. Das Gesetz wurde hierauf unterm 31. deff. Mon. in der am 4. April 1873 zu Berlin ausgegebenen Nr. 10. des Reichsgesetzblatts veröffentlicht.

In seinen Grundzügen hält sich das Gesetz an das bestehende Preußische Recht, namentlich an

a) das Gesetz, betreffend die Pensionirung der unmittelbaren Staatsbeamten ꝛc. vom 27. März 1872. (G.S. S. 268.)

b) das Gesetz, betreffend die Dienstvergehen der nicht richterlichen Beamten, die Versetzung derselben auf eine andere Stelle oder in den Ruhestand vom 21. Juli 1852. (Ges.-Samml. S. 465.)

c) die Verordnung über die Festsetzung und den Ersatz der bei Kassen und andere Verwaltungen vorkommenden Defekte vom 24. Januar 1844. (G.S. S. 52.)

d) das Gesetz, betreffend die Erweiterung des Rechtsweges vom 24. Mai 1861 (Ges.-Samml. S. 241.)

Durch das Gesetz ist für alle wesentlichen Reichsbeziehungen sämmtlicher Reichsbeamten, sowohl die vom Kaiser berufenen unmittelbaren, als auch die von den Landesregierungen nach Art. 50. der R.Verf. ernannten mittelbaren eine gleiche Norm gegeben. Die mittelbaren Reichsbeamten aber werden durch das Gesetz der gleichzeitigen Eigenschaft eines Partikularstaatsbeamten nicht entkleidet und würden in denjenigen Rechtsbeziehungen, über welche die Reichsgesetzgebung keine Bestimmung trifft als Landesbeamten, unter Umständen also anders zu beurtheilen sein, als neben ihnen die unmittelbaren Reichsbeamten; durch den vielumstrittenen § 19 sind aber auch die letzteren subsidiär unter die Landesgesetze gestellt worden.

In die der vorliegenden Bearbeitung beigefügte Zusammenstellung sind daher nicht blos die besonderen Vorschriften der Reichsgesetzgebung für einzelne Beamtenklassen, sondern auch die partikularrechtlichen Bestimmungen, welche für die Landesbeamten in Preußen gelten, insoweit aufgenommen, als ihnen ein Reichsgesetz nicht entgegensteht; die Aufnahme noch anderer Partikularrechte hätte indessen zu weit geführt.

Die für die kautionspflichtigen Reichsbeamten geltenden Gesetze und Verordnungen sind im Interesse der Uebersichtlichkeit als selbständige Materie behandelt und dem Reichsbeamtengesetze als zweiter Theil des Werkchens an die Seite gestellt.

Die fortschreitende Gesetzgebung ist berücksichtigt bis zum 1. Juni 1873.

Inhalt.

Abkürzungen in den Anmerkungen.

A. = Absatz.
Anl. = Anlage.
B.G. = Bundesgesetz.
B.G.Bl. = Bundesgesetzblatt.
D.S. = Drucksachen.
E.G. = Einführungsgesetz.
K.G. = Kautionsgesetz vom 2. Juni 1869.
M.St.G.B. = Militärstrafgesetzbuch.
N.D.B. = Norddeutscher Bund.
Pr.A.G.O. = Preußische Allgemeine Gerichtsordnung.
Pr.G. = Preußisches Gesetz.
P.G.S. = Preußische Gesetzsammlung.
Pr.Konk.O. = Preußische Konkursordnung.
R.G. = Reichsgesetz.
R.G.Bl. = Reichsgesetzblatt.
R.Beamt.G. = Reichsbeamtengesetz vom 31. März 1873.
R.St.G.B. = Strafgesetzbuch für das deutsche Reich v. 15. Mai 1873.
R.Verf. = Verfassung des deutschen Reichs.
Reg.Ent. = Regierungs-Entwurf zum Reichsbeamtengesetz vom 8. April 1872.
St.B. = Stenographische Berichte des deutschen Reichstages.
Z. = Zusammenstellung der besonderen Vorschriften. S. 71 ff.

1. Gesetz,

betreffend

die Rechtsverhältnisse der Reichsbeamten.

Vom 31. März 1873.

(R.G.Bl. Nr. 920 S. 61. Ausgegeb. d. 4. April 1873.)

Wir **Wilhelm**, von Gottes Gnaden Deutscher Kaiser, König von Preußen ꝛc. verordnen im Namen des Deutschen Reichs, nach erfolgter Zustimmung des Bundesrathes und des Reichstages, was folgt:

Allgemeine Bestimmungen.

§ 1. Reichsbeamter im Sinne dieses Gesetzes ist jeder Beamte, welcher entweder vom Kaiser angestellt oder nach Vorschrift der Reichsverfassung den Anordnungen des Kaisers Folge zu leisten verpflichtet ist.

1) Der Unterschied zwischen unmittelbaren und mittelbaren Beamten (vgl. § 3 Anm. 2, § 52 Nr. 3) wird nicht aufgestellt. (Vgl. St.B. S. 42).

2) Vgl. § 1 B.G. v. 2. Juni 1869, betr. die Kautionen der Bundesbeamten (B.G.Bl. S. 161); § 359. R.St.G.B.

3) Außer den vom Kaiser oder in dessen Namen und Auftrage angestellten Beamten (Art. 18. R.Verf.) welchen allein das Prädikat „Kaiserlich" zusteht (Allh. Erl. v. 3. August 1871. R.G.Bl. S. 318), sind hiernach noch im Sinne des Gesetzes Reichsbeamte:

1. die **Post- und Telegraphenbeamten,** welche nach Art. 50 Abs. 5 der Reichsverfassung (B.G.Bl. 1871 S. 63) von den betreffenden Landesregierungen angestellt werden, mit Ausnahme derer in Baiern und Würtemberg (Art. 52 R.Verf.),
2. die **Militärbeamten** der deutschen Armee und Marine, mit Ausnahme des baierschen Kontingents. (Art. 64 R.Verf. Mil. Conv. mit Würtemberg vom 21. u. 25. Novbr. 1870 (B.G.Bl. S. 658). Vertrag mit Baiern v. 23. Novbr. 1870 (B.G.Bl. 1871 S. 9) III, § 5.) —

Außerdem sind den Reichsbeamten gleichgestellt:

3. die **Reichtagsbeamten.** (§ 156. dieses Ges.)

Wegen der beschränkten Anwendbarkeit des Gesetzes rücksichtlich einiger Beamtenkategorien vgl. §§ 120—123, 157, 158.

§ 2. Soweit die Anstellung der Reichsbeamten nicht unter dem ausdrücklichen Vorbehalt des Widerrufs oder der Kündigung erfolgt, gelten dieselben als auf Lebenszeit angestellt.

Vgl. § 32 und die in der Anlage beigefügte Uebersicht der auf Widerruf und Kündigung anzustellenden Reichsbeamten.

§ 3. Vor[1]) dem Dienstantritte ist jeder Reichsbeamte auf die Erfüllung aller Obliegenheiten des ihm übertragenen Amtes eidlich[2]) zu verpflichten.

1) Der Beamte übernimmt die Pflichten seines Amtes mit der Annahme der Bestellung (§ 4) und nicht erst mit Ableistung des Diensteides. (Vgl. § 45.) Auch ohne Eid ist er zur Erfüllung der Dienstobliegenheiten verbunden und wegen deren Verletzung strafbar. R.St.G.B. § 359. M.St.G.B. Anl. Litt. B.

2) Vgl. Art. 18 Abs. 1. R.-Verf. und

Verordnung, betr. den Diensteid der unmittelbaren Reichsbeamten v. 29. Juni 1871 (R.G.Bl.S. 303):

Der Diensteid aller Reichsbeamten, deren Anstellung vom Kaiser ausgeht, wird, sofern nicht durch Reichsgesetz eine andere Bestimmung getroffen ist, in nachstehender Form geleistet:

Ich N. N. schwöre zu Gott dem Allmächtigen und Allwissenden, daß, nachdem ich zum Beamten des Deutschen Reichs bestellt worden bin, ich in dieser meiner Eigenschaft Seiner Majestät dem Deutschen Kaiser treu und gehorsam sein, die Reichsverfassung und die Gesetze des Reiches beobachten und alle mir vermöge meines Amtes obliegenden Pflichten nach meinem besten Wissen und Gewissen genau erfüllen will, so wahr mir Gott helfe u. s. w.

Urkundlich ꝛc.

Gegeben Berlin, 29. Juni 1871.

3) Wegen des Diensteides der Post- und Telegraphenbeamten vgl. Art. 50 R.Verf.

§ 4. Jeder Reichsbeamte erhält bei seiner Anstellung eine Anstellungs-Urkunde[1]).

Der Anspruch[2]) des Beamten auf Gewährung des mit dem Amte verbundenen Diensteinkommens beginnt in Ermangelung besonderer Festsetzungen mit dem Tage des Amtsantritts, in Betreff später bewilligter Zulagen mit dem Tage der Bewilligung[3]).

1) Das ist jede schriftliche Eröffnung der zuständigen Behörde über die erfolgte Verleihung des Amtes; die mündliche Bestellung ist ausgeschlossen. (Vgl. Motive.)

2) Erworben wird der Anspruch durch die Annahme der Bestellung; mit dem Amtsantritte beginnt der Bezug des Einkommens.

3) Dem Beamten erwächst der Anspruch erst durch die bewilligende Eröffnung der zuständigen Behörde; die Bewilligung der Zulage durch den Reichstag (im Reichhaushaltsetat) ist nur Bereitstellung der Mittel für die Reichsverwaltung.

§ 5. Die Zahlung des Gehalts erfolgt monatlich im voraus. Dem Bundesrath bleibt vorbehalten, diejenigen Beamten zu bestimmen, an welche die Gehaltszahlung vierteljährlich stattfinden soll.

Beamte, welche bis zum Erlasse dieses Gesetzes ihr Gehalt vierteljährlich bezogen haben, sollen dasselbe jedenfalls bis zu ihrer Beförderung in ein höheres Amt in gleicher Weise fortbeziehen.

§ 6. Die Reichsbeamten können den auf die Zahlung von Diensteinkünften, Wartegeldern oder Pensionen ihnen zustehenden Anspruch mit rechtlicher Wirkung nur in soweit cediren, verpfänden oder sonst übertragen, als sie der Beschlagnahme unterliegen (§ 19).[1])

Die Benachrichtigung[2]) an die auszahlende Kasse geschieht durch eine der Kasse auszuhändigende öffentliche Urkunde.

1) (Amendement Dr. Baehr.) Der Reg.-Ent. wollte die Cessibilität des Diensteinkommens schlechthin ausschließen.

2) Die Kasse braucht die Uebertragung des Rechts nur zu berücksichtigen, wenn ihr dieselbe durch öffentliche Urkunde bewiesen wird; dazu gehört auch ein richterliches Erkenntniß, welches den Beamten an die mündliche Uebertragung rechtskräftig für gebunden erklärt.

§ 7. Hinterläßt ein Beamter, welcher mit der Wahrnehmung einer in den Besoldungs-Etats aufgeführten Stelle betraut ist, eine Wittwe oder eheliche Nachkommen, so gebührt[1]) den Hinterbliebenen für das auf den Sterbemonat folgende Vierteljahr noch die volle Besoldung des Verstorbenen (Gnadenquartal), unbeschadet jedoch weitergehender Ansprüche, welche ihm etwa vor Erlaß dieses Gesetzes und vor Eintritt in den Reichsdienst zugestanden worden sind.[2]) Zur Besoldung im Sinne der vorstehenden Bestimmung gehören außer dem Gehalt auch die sonstigen, dem Verstorbenen aus Reichsfonds gewährten Dienstemolumente,[3]) soweit dieselben nicht als Vergütung für baare Auslagen zu betrachten sind. An wen die Zahlung des Gnadenquartals zu leisten ist, bestimmt die vorgesetzte Dienstbehörde. Das Gnadenquartal kann nicht Gegenstand der Beschlagnahme sein.[4])

1) Vgl. § 149.

2) Die gesperrten, nach dem Amendement Kanngießer eingeschalteten Worte sollen außer Zweifel stellen, daß Art. 18 Abs. 2 der Reichsverf., soweit derselbe auf Hinterbliebene eines Reichsbeamten überhaupt anwendbar erscheint, durch das gegenwärtige Gesetz nicht berührt worden ist. (St.B. S. 889.) In den Bündnißverträgen mit Baden und Hessen (Prot. v. 15. Nov. 1870 B.G.Bl. S. 650) und mit Würtemberg (Prot. v. 25. Nov. 1870. B.G.Bl. S. 657) ist ausdrücklich anerkannt, daß sich Art. 18. auf die Ansprüche der Hinterbliebenen nicht bezieht; in dem Vertrage mit Baiern v. 23. Nov. 1870 (B.G.Bl. 1871 S. 9) ist jedoch die Frage nicht berührt. Die Hinterbliebenen der in den Reichsdienst berufenen baierischen Beamten können also event. im Rechtswege ausführen, welche Ansprüche ihnen aus Art. 18 dem Reiche gegenüber zustehen.

3) Vgl. § 42. Dazu gehören auch freie Dienstwohnung (vgl. § 9) und die anstatt derselben gewährte Miethsentschädigung, Wohnungsgeldzuschüsse (Servisgelder) und Ortszulagen (vgl. § 23 Al. 2). Auch die Einkünfte aus einem vorübergehend übertragenen Nebenamte? (vgl. §§ 38, 44.)

4) wohl aber der freien Uebereignung (vgl. § 6).

§ 8. Die Gewährung des Gnadenquartals kann in Ermangelung der im § 7 bezeichneten Hinterbliebenen mit Genehmigung der obersten Reichsbehörde auch dann stattfinden, wenn der Verstorbene Eltern, Geschwister, Geschwisterkinder oder Pflegekinder, deren Ernährer er war, in Bedürftigkeit hinterläßt, oder wenn der Nachlaß nicht ausreicht, um die Kosten der letzten Krankheit und der Beerdigung zu decken.

§ 9. In dem Genusse der von dem verstorbenen Beamten bewohnten Dienstwohnung ist die hinterbliebene Familie nach Ablauf des Sterbemonats noch drei fernere Monate zu belassen.

Hinterläßt der Beamte keine Familie, so ist denjenigen, auf welche sein Nachlaß übergeht, eine vom Todestage an zu rechnende dreißigtägige Frist zur Räumung der Dienstwohnung zu gewähren.

In jedem Falle müssen Arbeits- und Sessionszimmer, sowie sonstige für den amtlichen Gebrauch bestimmte Lokalitäten sofort geräumt werden.

§ 10. Jeder Reichsbeamte hat die Verpflichtung, das ihm übertragende Amt der Verfassung und den Gesetzen entsprechend gewissenhaft wahrzunehmen und durch sein Verhalten in und außer dem Amte der Achtung, die sein Beruf erfordert, sich würdig zu zeigen.

Der Reg. Ent. hatte hinter dem Worte „Gesetzen" die Worte: „und sonstigen Anordnungen", und hinter dem Worte „Achtung" die Worte: „des Ansehens und des Vertrauens." In 2. Berathung wurden die Worte „des Ansehens und des Vertrauens" gestrichen und dem „sonstigen" nach Verwerfung anderer Amendements nach dem Vorschlage Behringer die Worte substituirt: „den von seinen Vorgesetzten innerhalb ihrer amtlichen Zuständigkeit getroffenen dienstlichen". In 3. Berathung erfolgte die Annahme der jetzigen Fassung nach dem Amendement v. Dörnberg.

Die Verletzung des § 10 ist ein „Dienstvergehen", welches der Disziplinarbestrafung nach §§ 72 ff. unterliegt, soweit nicht die Bestimmungen des Strafgesetzbuchs f. d. R. (§§ 331—359) im gerichtlichen Verfahren (vgl. unten §§ 77, 78) zur Anwendung zu bringen sind.

§ 11. Ueber die vermöge seines Amtes ihm bekannt gewordenen Angelegenheiten, deren Geheimhaltung ihrer Natur nach erforderlich oder von seinem

Vorgesetzten vorgeschrieben ist, hat der Beamte Verschwiegenheit zu beobachten, auch nachdem das Dienstverhältniß aufgelöst ist.

Die gesperrten Worte sind nach dem Amendement Kanngießer eingeschaltet worden. — Vgl. über die Bewahrung

der Staatsgeheimnisse R.St.G.B. § 92, 1.,

des Briefgeheimnisses R.St.G.B. §§ 354, 358, R.Post-G. vom 28. Oktober 1871. § 5. (R.G.Bl. S. 347.)

des Telegraphengeheimnisses R.St.G.B. §§ 355, 358. Tel. O. f. d. D. R. v. 21. Juni 1872. § 3. (R.G.Bl. S. 213.)

der Privatgeheimnisse R.St.G.B. § 300.

§ 12. Bevor ein Reichbeamter als Sachverständiger ein außergerichtliches Gutachten abgiebt, hat derselbe dazu die Genehmigung seiner vorgesetzten Behörde einzuholen. 1)

Ebenso haben Reichsbeamte, auch wenn sie nicht mehr im Dienste sind, ihr Zeugniß in Betreff derjenigen Thatsachen, auf welche die Verpflichtung zur Amtsverschwiegenheit sich bezieht, insoweit zu verweigern, als sie nicht dieser Verpflichtung in dem einzelnen Falle durch die ihnen vorgesetzte oder zuletzt vorgesetzt gewesene Dienstbehörde entbunden sind.

1) Bezieht sich nicht auf Wartegeldempfänger. Vgl. § 24.

§ 13. Jeder Reichsbeamte ist für die Gesetzmäßigkeit seiner amtlichen Handlungen verantwortlich. 1)

1) und aus denselben unbedingt bei Gericht verfolgbar. Vgl. § 154.

Der Reg. Ent. lautete:

„Die Zulässigkeit der gerichtlichen Verfolgung eines Reichsbeamten wegen dienstlicher Handlungen und Unterlassungen wird durch ein Reichsgesetz geregelt. Bis zum Erlasse dieses Gesetzes sind dafür diejenigen in der Gesetzgebung der einzelnen Bundesstaaten enthaltenen Bestimmungen maßgebend, welche am dienstlichen Wohnsitze des Reichsbeamten für die Behandlung derselben Frage bezüglich der Staatsbeamten gelten. Bei denjenigen Reichsbeamten, deren dienstlicher Wohnsitz sich im Auslande befindet, mit Ausnahme der Wahlkonsuln, kommen die in letzterer Beziehung am Orte des ordentlichen persönlichen Gerichtstandes (§ 21) geltenden Bestimmungen zur Anwendung."

Bei Annahme des Entwurfs wäre in Preußen bis zum Erlaß des verheißenen Reichgesetzes bei der civil- oder strafrechtlichen Verfolgung eines Reichsbeamten wegen amtlicher Handlungen das Gesetz vom 13. Februar 1854 (G.S. 86.) anwendbar geblieben, wonach auf Anlaß der Dienstbehörde der Gerichtshof für Kompetenzkonflikte die Frage, ob der Beamte bei Ausrichtung seines Dienstes sich innerhalb der amtlichen Befugnisse gehalten habe, zu entscheiden und bejahendenfalls die Unzuläſsigkeit des Rechtsweges auszusprechen gehabt hätte.

In 2. Berathung wurde nach dem Amendement v. Bernuth außer dem gegenwärtigen einen Satze des § ein in 3. Berathung wieder verworfenes zweites Alinea dahin angenommen:

„Hat derselbe jedoch nach den Anordnungen eines Vorgesetzten gehandelt, welche innerhalb des Kreises der amtlichen Zuständigkeit des Letzteren und in gesetzlicher Form erlassen waren, so trifft die civilrechtliche und dienstliche Verantwortlichkeit dafür den Anordnenden allein."

§ 14. Die Vorschriften über den Urlaub der Reichsbeamten und deren Stellvertretung werden vom Kaiser erlassen.[1])

In Krankheitsfällen, sowie in solchen Abwesenheitsfällen, zu denen die Beamten eines Urlaubs nicht bedürfen (Reichsverfassung Art. 21),[2]) findet ein Abzug vom Gehalte nicht statt. Die Stellvertretungskosten fallen der Reichskasse zur Last.

Ein Beamter, welcher sich ohne den vorschriftsmäßigen Urlaub von seinem Amte entfernt hält, oder den ertheilten Urlaub überschreitet, ist, wenn ihm nicht besondere Entschuldigungsgründe zur Seite stehen, für die Zeit der unerlaubten Entfernung seines Diensteinkommens verlustig.

1) Noch zu erwarten.

2) d. i. beim Eintritt in den Reichstag, also nicht beim Eintritt in den Landtag eines Bundesstaates.

§ 15. Die vom Kaiser angestellten Beamten dürfen Titel, Ehrenzeichen, Geschenke, Gehaltsbezüge oder Remunerationen von anderen Regenten oder Regierungen nur mit Genehmigung des Kaisers annehmen.[1])

Zur Annahme von Geschenken oder Belohnungen in Bezug auf sein Amt bedarf jeder Reichsbeamte der Genehmigung der obersten Reichsbehörde.[2])

1) Vgl. § 1. Anm. 3.

2) auch der Wartegeldempfänger. Vgl. § 24.

§ 16. Kein Reichsbeamter darf ohne vorgängige Genehmigung der obersten Reichsbehörde ein Nebenamt oder eine Nebenbeschäftigung, mit welcher eine fortlaufende Remuneration verbunden ist, übernehmen oder ein Gewerbe betreiben. Dieselbe Genehmigung ist zu dem Eintritt eines Reichsbeamten in den Vorstand, Verwaltungs- oder Aufsichtsrath einer jeden auf Erwerb gerichteten Gesellschaft erforderlich. Sie darf jedoch nicht ertheilt werden, sofern die Stelle mittelbar oder unmittelbar mit einer Remuneration verbunden ist.[1])

Die ertheilte Genehmigung ist jederzeit widerruflich.

Auf Wahlkonsuln und einstweilen in den Ruhestand versetzte Beamte[2]) finden diese Bestimmungen keine Anwendung.

Die gesperrten Worte sind Zusätze zum Reg. Ent.: zu 1) Amendement v. Hoverbeck, zu 2) Beschluß der Reichstagskommission III. Vergl. § 30. Anm. 1.

§ 17. Titel, Rang und Uniform der Reichsbeamten werden durch Kaiserliche Verordnung [1]) bestimmt.

1) Rang der Post- und Ober-Posträthe: A.E. v. 1. Apr. 1871 (R.G.Bl. S. 103); — der Telegraphendirektoren: A.E. v. 27. Dec. 1871 (R.G.Bl. S. 7.)

§ 18. Die Höhe der den Reichsbeamten bei dienstlicher Beschäftigung außerhalb ihres Wohnortes zustehenden Tagegelder und Fuhrkosten, ingleichen der Betrag der bei Versetzungen derselben zu vergütenden Umzugskosten, wird durch eine im Einvernehmen mit dem Bundesrathe zu erlassende Verordnung des Kaisers geregelt.[1])

1) Noch nicht geregelt.

§ 19. Auf die Rechtsverhältnisse der aktiven und der aus dem Dienste geschiedenen Reichsbeamten, über welche nicht durch Reichsgesetz Bestimmung getroffen ist, finden diejenigen gesetzlichen Vorschriften Anwendung, welche an ihren Wohnorten für die aktiven, beziehungsweise für die aus dem Dienste geschiedenen Staatsbeamten gelten.[1]) Für diejenigen Reichsbeamten, deren Wohnort außerhalb der Bundesstaaten sich befindet, kommen hinsichtlich dieser Rechtsverhältnisse vor deutschen Behörden die gesetzlichen Bestimmungen ihres Heimathsstaates (§ 21) und, in Ermangelung eines solchen, die Vorschriften des preußischen Rechts zur Anwendung.

Diejenigen Begünstigungen, welche nach der Gesetzgebung der einzelnen Bundesstaaten den Hinterbliebenen der Staatsbeamten hinsichtlich der Besteuerung der aus Staatsfonds oder aus öffentlichen Versorgungskassen denselben gewährten Pensionen, Unterstützungen oder sonstigen Zuwendungen zustehen, finden auch zu Gunsten der Hinterbliebenen von

Reichsbeamten hinsichtlich der denselben aus Reichs- oder Staatsfonds oder aus öffentlichen Versorgungskassen zufließenden gleichartigen Bezüge Anwendung.[2])

1) In dem Reg.-Ent. v. 1872 lautete der erste Satz des § dahin:

„Hinsichtlich
1. der Steuerpflicht des Diensteinkommens, der Wartegelder und der Pensionen,
2. der Zulässigkeit der Beschlagnahme der Diensteinkünfte, der Wartegelder und der Pensionen,
3. der Zulässigkeit der Zwangsvollstreckung in das Vermögen gegen die Person

kommen den aktiven und den aus dem Dienste geschiedenen Reichsbeamten gegenüber diejenigen gesetzlichen Bestimmungen zur Anwendung, welche an ihren Wohnorten für die Staatsbeamten maaßgebend sind."

Diese Fassung entsprach mit Ausnahme der Ziffer 1 dem Gesetzentwurfe, welchen 1868 der Reichstag berathen (DS. Nr. 189), der Bundesrath jedoch abgelehnt hatte. Geregelt war der Gegenstand der Ziffer 1 durch das Reichsgesetz wegen Beseitigung der Doppelbesteuerung vom 13. Mai 1870 (B.G.Bl. S. 119) bereits insoweit, als die Reichsbeamten, abgesehen von etwaigem Einkommen aus Grundbesitz und Gewerbebetrieb (§ 3 a. a. O.), nur am Orte ihres dienstlichen Wohnsitzes nach den Landesgesetzen zu besteuern sind (§ 2 ebd.). Einzelne Landesgesetze bevorzugen aber die Landesbeamten in der Kommunalbesteuerung des Diensteinkommens, des Wartegeldes und der Pension. Der Reg.-Ent. wollte also die Reichsbeamten, soweit sie nicht in der gleichzeitigen Eigenschaft eines Landesbeamten (vgl. § 1 Anm. 3) die Steuervorrechte eines solchen bereits genossen, an diesen Vorrechten Theil nehmen lassen. Im Plenum des Reichstags wurde indessen in 2. Berathung die Ziffer 1 aus Abneigung gegen die Begründung neuer Steuerprivilegien und als unberechtigter Eingriff in den Haushalt der Gemeinden nach dem Amendement Ackermann gestrichen und in 3. Berathung der Beschluß gegen den Wiederherstellungsantrag v. Dörnberg aufrecht erhalten (St.B. S. 177 ff.,

905 ff.). Der Bundesrath erachtete diese Aenderung als eine Durchbrechung des aus Art. 3 der Verfassung entnommenen Prinzips der Gleichstellung des „kaiserlichen" Reichsbeamten mit dem Landesbeamten für unannehmbar und brachte in der Vorlage von 1873 (vgl. Vorwort) durch die vom Reichstage alsdann genehmigte gegenwärtige Fassung ohne Aufzählung einzelner Gesichtspunkte nur jenes Prinzip zum Ausdruck. — Danach kommen nun sämmtlichen Reichsbeamten die an ihrem dienstlichen Wohnsitze für die Rechtsverhältnisse der Landesbeamten geltenden besonderen Bestimmungen ebenfalls zu Gute. Die wichtigsten der in Preußen geltenden enthält die als Anlage beigefügte „Zusammenstellung" unter Nr. V. — Vgl. § 6.

2) Vgl. §§ 7, 69, Z. IV, 4. V.

§ 20. Ingleichen stehen bezüglich:

1) der Mitwirkung bei der Siegelung des Nachlasses eines Reichsbeamten,[1])
2) des Vorzugsrechts im Konkurse oder außerhalb desselben wegen der einem Reichsbeamten zur Last fallenden Defekte aus einer von demselben geführten Kassen- oder sonstigen Vermögensverwaltung[2])

dem Reiche, beziehungsweise dessen Behörden, im Verhältniß zu den Reichsbeamten dieselben Rechte zu, welche die am dienstlichen Wohnsitze des Reichsbeamten geltende Gesetzgebung des einzelnen Bundesstaates dem Staate, beziehungsweise dessen Behörden den Staatsbeamten gegenüber gewährt.

1) Vgl. Pr.A.G.O. § 31, II, 5.

2) Vgl. Pr.Konk.O. v. 8. Mai 1855 §§ 78,1, 368, 380, 420. Einf.G. dazu Art. XI Nr. 1.

§ 21. Reichsbeamte, deren dienstlicher Wohnsitz sich im Auslande befindet, behalten den ordentlichen persönlichen Gerichtsstand, welchen sie in ihrem Heimathsstaate hatten.

In Ermangelung eines solchen Gerichtsstandes ist ihr ordentlicher persönlicher Gerichtsstand in der Hauptstadt des Heimathsstaates, und in Ermangelung eines Heimathsstaates vor dem Stadtgericht zu Berlin begründet. Ist die Hauptstadt in mehrere Gerichtsbezirke getheilt, so wird das zuständige Gericht im Wege der Justizverwaltung durch allgemeine Anordnung bestimmt.

Auf Wahlkonsuln finden diese Bestimmungen keine Anwendung.

§ 22. Befindet sich der dienstliche Wohnsitz des Beamten (§ 21) in einem Lande, in welchem Reichs-Konsulargerichtsbarkeit besteht, so wird durch die vorstehende Bestimmung nicht ausgeschlossen, daß der Beamte zugleich der Reichs-Konsulargerichtsbarkeit nach Maßgabe des Gesetzes vom 8. November 1867 (Bundes-Gesetzbl. S. 137) unterliegt.

Versetzung in ein anderes Amt.

§ 23. Jeder Reichsbeamte muß die Versetzung in ein anderes Amt von nicht geringerem Range und etatsmäßigem Diensteinkommen mit Vergütung der vorschriftsmäßigen Umzugskosten sich gefallen lassen, wenn es das dienstliche Bedürfniß erfordert.[1])

Als eine Verkürzung im Einkommen ist es nicht anzusehen, wenn die Gelegenheit zur Verwaltung von Nebenämtern entzogen wird, oder die Ortszulage oder endlich die Beziehung der für Dienstunkosten besonders ausgesetzten Einnahmen mit diesen Unkosten fortfällt.

1) Die gesperrten Worte sind nach dem Vorschlage v. Bernuth zugesetzt.

Einstweilige Versetzung in den Ruhestand.

§ 24. Jeder Reichsbeamte kann unter Bewilligung des gesetzlichen Wartegeldes einstweilig in den Ruhestand versetzt werden, wenn das von ihm verwaltete Amt in Folge einer Umbildung der Reichsbehörden aufhört.

Der Wartegeldempfänger steht zwischen dem aktiven Beamten und dem Pensionär. Er muß wie jener über sich verfügen lassen (§ 28), darf ohne Genehmigung nicht im Auslande wohnen (§ 29,3) und seine Wiederanstellung wird als Versetzung behandelt (§ 28); seine Wittwe bezieht das Gnadenquartal (§ 31); er wird nach seinem vollen Gehalte pensionirt (§ 42, i. f.) und bei der Pensionsberechnung gilt die Wartezeit als Dienstzeit (§ 46,1); er kann wegen Unwürdigkeit nur im förmlichen Disziplinarverfahren aus dem Dienste entlassen werden (§ 119) und wird bei der zwangsweisen Pensionirung die Beobachtung der vorgeschriebenen Formen (§§ 62 ff.) zu beanspruchen, beim Antrage auf definitive Versetzung in den Ruhestand aber seine Dienstunfähigkeit (nach § 53) nachzuweisen haben. — Dagegen bezieht er als Wartegeld nur ¾ seines Gehalts, den Höchstbetrag der Pension (§§ 26, 41); er ist wie der Pensionär in der Annahme von remunerirten Aemtern, in der bezahlten Thätigkeit für Erwerbsgesellschaften, im Gewerbebetriebe und auch wohl in der Abgabe von Gutachten gegen Entgelt (vgl. § 12) völlig unbeschränkt (§ 16), und steht auch rücksichtlich der Kürzung seines Wartegelds beim Wiedereintritt in den Reichs- oder Staatsdienst dem Pensionär vollständig gleich.

§ 25. Außer dem im § 24 bezeichneten Falle können durch Kaiserliche Verfügung die nachbenannten Beamten jederzeit mit Gewährung des gesetzlichen Wartegeldes einstweilig in den Ruhestand versetzt werden:

der Reichskanzler, der Präsident des Reichskanzler-Amts, der Chef der Kaiserlichen Admiralität, der Staatssekretär im Auswärtigen Amte, die Direktoren und Abtheilungs-Chefs im Reichskanzler-Amte und in den einzelnen Abtheilungen desselben sowie im Auswärtigen Amte und in den Ministerien, die vortragenden Räthe und etatsmäßigen Hülfsarbeiter im Auswärtigen Amte, die Militär- und die Marine-Intendanten, die diplomatischen Agenten einschließlich der Konsuln.

Die Ober-Postdirektoren, die Vorsteher der Ober-Postämter und die Telegraphendirektoren, welche der Reg.-Ent. von 1872 ebenfalls unter die Zahl der jederzeit amovibler Beamten aufgenommen hatte, wurden vom Reichstage auf Antrag Lasker gestrichen.

Ein vom Reichstage ebenfalls angenommenes zweites Amendement Lasker wollte die Amovibilität nur für dies. vortragenden Räthe und etatsmäßigen Hilfsarbeiter des Reichskanzleramts und der Ministerien, einschließlich des auswärtigen, welche unter dem Vorbehalte der einstweiligen Versetzung in den Ruhestand angestellt worden, zugestehen und die Zahl dieser mit Vorbehalt anstellbaren Beamten auf die Hälfte der etatsmäßigen Stellen einschränken. Diesen Beschlüssen gegenüber hielt die Bundesrathsvorlage von 1873 in der vom Reichstage auch genehmigten Fassung des § die Amovibilität sämmtlicher Räthe und Hilfsarbeiter des auswärtigen Amtes als unerläßlich aufrecht.

§ 26. Das Wartegeld beträgt bei Gehältern bis zu 150 Thlr. ebensoviel als das Gehalt, bei höheren Gehältern drei Viertheile des Gehalts, jedoch nicht weniger als 150 Thlr.

Bei Feststellung der Jahresbeträge der Wartegelder werden überschießende Thalerbrüche auf volle Thaler abgerundet.

Der Jahresbetrag des Wartegeldes kann 3000 Thlr. nicht übersteigen.

Vgl. §§ 149, 155.

§ 27. Die Zahlung des Wartegeldes erfolgt im voraus in derselben Weise, in welcher bis dahin die Zahlung des Gehalts stattgefunden hat.[1]) Die Gehaltszahlung hört auf und die Zahlung des Wartegeldes beginnt mit dem Ablaufe des Vierteljahres, welches auf den Monat folgt, in welchem dem Beamten die Entscheidung über seine einstweilige Versetzung in den Ruhestand, der Zeitpunkt derselben und die Höhe des Wartegeldes bekannt gemacht worden ist.

1) Vgl. § 5.

§ 28. Die einstweilig in den Ruhestand versetzten Beamten sind bei Verlust des Wartegeldes zur Annahme eines ihnen übertragenen Reichsamtes, welches ihrer Berufsbildung entspricht,[1]) unter denselben Voraussetzungen[2]) verpflichtet, unter denen nach § 23 ein Reichsbeamter die Versetzung in ein anderes Amt sich gefallen lassen muß.

1) Die gesperrten Worte sind nach dem Amendement v. Bernuth eingeschaltet.

2) Der Wartegeldempfänger muß danach das Amt annehmen, wenn es von nicht geringerem Range und etatsmäßigem Diensteinkommen ist als sein früheres, — und er kann dabei die vorschriftsmäßige Kostenvergütung (§ 18) für den Umzug von seinem früheren dienstlichen Wohnsitze (vgl. § 119) nach dem neuen Bestimmungsorte liquidiren, auch wenn er während des einstweiligen Ruhestandes an einem dritten Orte gewohnt hat.

Vgl. §§ 29,1, 30.

§ 29. Das Recht auf den Bezug des Wartegeldes hört auf:[1])

1) wenn der Beamte im Reichsdienste mit einem dem früher von ihm bezogenen Diensteinkommen mindestens gleichen Diensteinkommen wieder angestellt wird,[2])
2) wenn der Beamte das deutsche Indigenat verliert,[3])
3) wenn der Beamte ohne Genehmigung des Reichs-

kanzlers seinen Wohnsitz außerhalb der Bundesstaaten nimmt,

4) wenn der Beamte des Dienstes entlassen wird.[4])

1) Außer im Falle der Verwirkung nach § 28.

2) § 28. Läßt er sich mit geringerem etatsmäßigem Diensteinkommen anstellen, so kommt § 30 zur Anwendung.

3) Ges. über den Erwerb und Verlust der Bundes- und Staatsangehörigkeit vom 1. Juni 1870 (B.G.Bl. S. 355), giltig für Hessen und Baden nach dem Vertrage vom 15. Nov. 1870 (B.G.Bl. S. 650), für Würtemberg nach dem Vertrage vom 25. Nov. 1870 (B.G.Bl. S. 654) und für Baiern nach dem Ges. vom 22. Apr. 1871 (B.G.Bl. S. 86). — Vgl. § 57, 1.

4) Vgl. § 34. § 75,1 u. 2.

§ 30. Das Recht auf den Bezug des Wartegeldes ruht, wenn und so lange der einstweilig in den Ruhestand versetzte Beamte in Folge einer Wiederanstellung oder Beschäftigung[1]) im Reichs- oder im Staatsdienste[2]) ein Diensteinkommen bezieht, insoweit als der Betrag dieses neuen Diensteinkommens unter Hinzurechnung des Wartegeldes den Betrag des von dem Beamten vor der einstweiligen Versetzung in den Ruhestand bezogenen Diensteinkommens übersteigt. Findet die Beschäftigung des Beamten vorübergehend gegen Tagegelder oder eine anderweite Entschädigung statt, so wird demselben das Wartegeld für die ersten sechs Monate dieser Beschäftigung unverkürzt, dagegen vom siebenten Monat ab nur zu dem nach der vorstehenden Bestimmung zulässigen Betrage gewährt.[3])

1) der Reg.-Ent. hatte nach Analogie des § 10, B.Ges. vom 14. Juni 1868 (B.G.Bl. S. 335): „im Reichs-, im Staats- oder im Kommunaldienste." Die Abänderung (Amendement Kanngießer) ist als Consequenz des Beschlusses der Reichstagskom-

mission III. zu § 16 angenommen und der Wartegeldempfänger hierdurch dem Pensionär gleichgestellt worden. Vgl. § 57,2.

2) eines Bundesstaates. Ueber den Eintritt in fremden Staatsdienst vgl. § 29,3 und B.Ges. v. 1. Juni 1870 § 22 (B.G.Bl. S. 355).

3) Vgl. § 60.

§ 31. Nach dem Tode eines einstweilig in den Ruhestand versetzten Beamten erfolgt die Gewährung des Gnadenquartals vom Wartegelde an die Hinterbliebenen nach den in den §§ 7 und 8 enthaltenen Grundsätzen.

Vgl. § 149.

Entlassung der auf Probe, Kündigung oder Widerruf angestellten Beamten.

§ 32. Die Entlassung[1]) der auf Probe, auf Kündigung oder sonst auf Widerruf angestellten Beamten erfolgt durch diejenige Behörde, welche die Anstellung verfügt hat.

1) Vgl. § 2. Neben der Kündigung 2c. kann auch Amtssuspension mit Kürzung des Diensteinkommens eintreten nach §§ 125, 128. (Vergl. St.B. S. 198).

Wiederanstellung ausgeschiedener Beamten.

§ 33. Zur Wiederanstellung von Beamten, welche aus dem Reichsdienste freiwillig oder unfreiwillig ausgeschieden sind, bedarf es der Genehmigung der obersten[1]) Reichsbehörde.

1) In Erwägung, daß nach § 84 auch das förmliche Disziplinarverfahren von der Centralbehörde angeordnet wird. (Vgl. St.B. S. 199).

Pensionirung der Beamten. Anspruch auf Pension.

Die §§ 34 ff. finden auf folgende Militärpersonen in Beamten- oder beamtenähnlichem Verhältnisse keine Anwendung:

1. die sämmtlichen Militär-Aerzte des Heeres und der Flotte

(§§ 2 ff., 48 ff., 58 ff. R.Ges. v. 27. Juni 1871 R.G.Bl. S. 275),

2. die Regiments-, Bataillons- und Zeughaus-Büchsenmacher (§ 89 ebd.),

3. die oberen und unteren Militärbeamten der vormaligen schleswig-holsteinschen Armee (Ges. v. 14. Juni 1868 B.G.Bl. S. 335, Ges. v. 3. März 1870 B.G.Bl. S. 39.).

(Siehe die Zusammenstellung in der Anlage.)

§ 34. Jeder Beamte, welcher sein Diensteinkommen aus der Reichskasse bezieht, erhält aus der letzteren eine lebenslängliche Pension, wenn er nach einer Dienstzeit von wenigstens zehn Jahren in Folge eines körperlichen Gebrechens oder wegen Schwäche seiner körperlichen oder geistigen Kräfte zu der Erfüllung seiner Amtspflichten dauernd unfähig[1]) ist, und deshalb in den Ruhestand versetzt wird.

1) Vgl. § 36.

§ 35. Der Reichskanzler, der Präsident des Reichskanzler-Amts, der Chef der Kaiserlichen Admiralität und der Staatssekretär im Auswärtigen Amte können jederzeit auch ohne eingetretene Dienstunfähigkeit ihre Entlassung erhalten und fordern. Der Anspruch auf Pension beginnt, wenn der Ausgeschiedene mindestens zwei Jahre das betreffende Amt bekleidet hat. Der Mindestbetrag der Pension ist ein Viertel des etatsmäßigen Gehaltes. Im Uebrigen gelten für die Höhe und den Bezug der Pension die Vorschriften dieses Gesetzes.

§ 36. Ist die Dienstunfähigkeit (§ 34) die Folge einer Krankheit, Verwundung oder sonstigen Beschädigung, welche der Beamte bei Ausübung des Dienstes oder aus Veranlassung desselben ohne eigene Verschuldung sich zugezogen hat, so tritt die Pensionsberechtigung auch bei kürzerer als zehnjähriger Dienstzeit ein.

Vgl. § 41 Al. 3.

§ 37. Die unter dem Vorbehalt des Widerrufs oder der Kündigung angestellten Beamten haben einen Anspruch auf Pension nach Maßgabe dieses Gesetzes nur dann, wenn sie eine in den Besoldungs-Etats aufgeführte Stelle bekleiden; es kann ihnen jedoch, wenn sie eine solche Stelle nicht bekleiden, bei ihrer Versetzung in den Ruhestand eine Pension bis auf Höhe der durch dieses Gesetz bestimmten Sätze bewilligt werden.

Vgl. § 2 u. Anm.

§ 38. Reichsbeamte, deren Zeit und Kräfte durch die ihnen übertragenen Geschäfte nur nebenbei in Anspruch genommen, oder welche ausdrücklich nur auf eine bestimmte Zeit[1]) oder für ein seiner Natur nach vorübergehendes Geschäft angenommen werden, erwerben keinen Anspruch auf eine Pension nach den Bestimmungen dieses Gesetzes.

Darüber, ob eine Dienststellung eine solche ist, daß sie die Zeit und die Kräfte eines Beamten nur nebenbei in Anspruch nimmt, entscheidet bei der Dienstübertragung[2]) die dem Beamten vorgesetzte Dienstbehörde.

1) Wegen bleibender Verleihung, vgl. § 44.

2) Statt der gesperrten Worte (Amendement v. Bernuth) hatte der Reg.-Ent.: „mit Ausschluß des Rechtsweges." Der Rechtsweg wird dann ausgeschlossen, wenn die Dienstbehörde bei der Dienstübertragung entscheidet. Vgl. § 149.

§ 39. Wird außer dem im § 36 bezeichneten Falle ein Beamter vor Vollendung des zehnten Dienstjahres dienstunfähig nnd deshalb in den Ruhestand versetzt, so kann demselben bei vorhandener Bedürftigkeit durch Beschluß des

Bundesrathes eine Pension entweder auf bestimmte Zeit oder lebenslänglich bewilligt werden.

Vgl. § 41 Al. 3.

Anspruch auf Umzugskosten.

§ 40. Hat der in den Ruhestand oder in den einstweiligen Ruhestand versetzte Beamte seinen dienstlichen Wohnsitz im Auslande, so sind demselben die Kosten des Umzuges[1]) nach dem innerhalb des Reichs von ihm gewählten Wohnorte zu gewähren.

1) die wirklich erwachsenen, nicht die nach § 18 „bei Versetzungen" zu gewährenden.

Betrag der Pension.

§ 41. Die Pension beträgt, wenn die Versetzung in den Ruhestand nach vollendetem zehnten, jedoch vor vollendetem elften Dienstjahre eintritt, $\frac{20}{80}$ und steigt von da ab mit jedem weiter zurückgelegten Dienstjahre um $\frac{1}{80}$ des in den §§ 42—44 bestimmten Diensteinkommens.

Ueber den Betrag von $\frac{60}{80}$ dieses Einkommens hinaus findet eine Steigerung nicht statt.

In dem im § 36 erwähnten Falle beträgt die Pension stets $\frac{20}{80}$, im Falle des § 39 höchstens $\frac{20}{80}$ des vorbezeichneten Diensteinkommens.

Bei jeder Pension werden überschießende Thalerbrüche auf volle Thaler abgerundet.

§ 42. Der Berechnung der Pension wird das von dem Beamten zuletzt bezogene gesammte Diensteinkommen, soweit es nicht zur Bestreitung von Repräsentations- oder Dienstaufwandskosten gewährt wird, nach Maßgabe der folgenden näheren Bestimmungen zu Grunde gelegt:

1) Feststehende Dienstemolumente, namentlich freie Dienst-

wohnung, sowie die anstatt derselben gewährte Miethsentschädigung, Feuerungs- und Erleuchtungsmaterial, Naturalbezüge an Getreide, Winterfutter u. s. w., sowie der Ertrag von Dienstgrundstücken kommen nur insoweit zur Anrechnung, als deren Werth in den Besoldungs-Etats auf die Geldbesoldung des Beamten in Rechnung gestellt oder zu einem bestimmten Geldbetrage als anrechnungsfähig bezeichnet ist.

1) Ausnahme § 43.

2) Dienstemolumente, welche ihrer Natur nach steigend und fallend sind, werden nach den in den Besoldungs-Etats oder sonst bei Verleihung des Rechts auf diese Emolumente deshalb getroffenen Festsetzungen und in Ermangelung solcher Festsetzungen nach ihrem durchschnittlichen Betrage während der drei letzten Kalenderjahre vor dem Jahre, in welchem die Pension festgesetzt wird, zur Anrechnung gebracht.

3) Blos zufällige Diensteinkünfte, wie widerrufliche Tantième, Kommissionsgebühren, außerordentliche Remunerationen, Gratifikationen und dergleichen kommen nicht zur Berechnung.

4) Bei den servisberechtigten Militairbeamten wird der mittlere Stellen- beziehungsweise Chargen-(Personal-) Servis als Theil des Gehalts betrachtet.

Vgl. R.-Ges. v. 27. Juni 1871. (R.G.Bl. S. 275.) § 10.

5) Das gesammte zur Berechnung zu ziehende Diensteinkommen einer Stelle darf den Betrag des höchsten Normalgehalts derjenigen Diensteskategorie, zu welcher die Stelle gehört, nicht übersteigen.

Ohne diese Beschränkung kommen jedoch solche Gehaltstheile oder Besoldungszulagen, welche zur Ausgleichung eines von dem betreffenden Beamten in früherer Stellung bezogenen Diensteinkommens demselben mit Pensionsberechtigung gewährt sind, zur vollen Anrechnung.

6) Wenn das nach den Bestimmungen dieses Paragraphen ermittelte Einkommen eines Beamten insgesammt mehr als 4000 Thlr. beträgt, wird von dem überschießenden Betrage nur die Hälfte in Anrechnung gebracht.

Die Pension für die einstweilen in den Ruhestand versetzten Beamten wird von dem zur Zeit ihrer Versetzung in den Ruhestand bezogenen gesammten Diensteinkommen berechnet.

Dieses letzte Alinea (Amendement Kanngießer) ist vom Reichstage zusätzlich beschlossen.

§ 43. Ein Beamter, welcher früher ein mit einem höheren [1]) Diensteinkommen verbundenes Amt bekleidet und dieses Einkommen wenigstens ein Jahr bezogen hat, erhält, sofern der Eintritt oder die Versetzung in ein Amt von geringerem Diensteinkommen nicht lediglich auf seinen im eigenen Interesse gestellten Antrag erfolgt oder aber als Strafe auf Grund des § 75 gegen ihn verhängt ist, bei seiner Versetzung in den Ruhestand eine nach Maßgabe des früheren höheren Diensteinkommens unter Berücksichtigung der gesammten Dienstzeit berechnete Pension. Jedoch soll die gesammte Pension das letzte pensionsberechtigte Diensteinkommen nicht übersteigen.

1) Im auswärtigen Dienste wird bisweilen ein Beamter auf ein Amt mit geringerem Gehalte und höherer Ortszulage versetzt.

§ 44. Das mit Nebenämtern oder Nebengeschäften verbundene Einkommen begründet nur dann einen Anspruch auf Pension, wenn eine etatsmäßige Stelle als Nebenamt bleibend verliehen[1]) ist.

1) Wegen vorübergehender Verleihung vgl. § 38.

Berechnung der Dienstzeit.

§ 45. Die Dienstzeit wird vom Tage der ersten eidlichen Verpflichtung für den Reichsdienst[1]) an gerechnet.

Kann jedoch ein Beamter nachweisen, daß seine Vereidigung erst nach[2]) seinem Eintritte in den Reichsdienst stattgefunden hat,[3]) so wird die Dienstzeit von dem letzteren Zeitpunkte an gerechnet.

1) Eine solche Verpflichtung ist nicht blos der Beamtendiensteid, sondern auch der Fahneneid, „den Befehlen des Kaisers unbedingte Folge zu leisten." Art. 64. R.-Verf. v. 16. April 1871 (R.G.Bl. 64.) Vgl. § 47.

2) Vgl. § 3. Anm. 1.

3) oder ist dieselbe ganz unterblieben,

§ 46. Bei Berechnung der Dienstzeit kommt auch die Zeit in Anrechnung, während welcher ein Beamter

1) unter Bezug von Wartegeld im einstweiligen Ruhestande, oder
2) im Dienste eines Bundesstaates oder der Regierung eines zu einem Bundesstaate gehörenden Gebiets sich befunden hat, oder
3) als anstellungsberechtigte ehemalige Militairperson nur vorläufig oder auf Probe[1]) im Civildienste des Reichs, eines Bundesstaates[2]) oder der Regierung

eines zu einem Bundesstaat gehörenden Gebiets beschäftigt worden ist, oder

1) auch wenn die Probe mißlungen ist. Vgl. §§ 32, 37.

2) Vgl. Pr. Reglement über die Civilversorgung rc. der Militairpersonen rc. v. 16/20. Juni 1867 §§ 27—30.

4) eine praktische Beschäftigung außerhalb des Dienstes des Reichs oder eines Bundesstaates ausübte, insofern und insoweit diese Beschäftigung vor Erlangung der Anstellung in einem Reichs- oder unmittelbaren Staatsamte behufs der technischen Ausbildung in den Prüfungsvorschriften ausdrücklich angeordnet[3]) ist.

3) War die praktische Beschäftigung nur herkömmlich, so liegt der Fall des § 52,3 vor.

Im Falle der Nr. 2 wird die Dienstzeit nach den für die Berechnung der Dienstzeit im Reichsdienste gegebenen Bestimmungen berechnet.

§ 47. Der Civildienstzeit wird die Zeit des aktiven Militairdienstes hinzugerechnet.

Vgl. § 45.

§ 48. Die Dienstzeit,[1]) welche vor den Beginn des achtzehnten Lebensjahres fällt, bleibt außer Berechnung.

Nur die in die Dauer eines Krieges fallende und bei einem mobilen oder Ersatz-Truppentheile abgeleistete Militairdienstzeit kommt, ohne Rücksicht auf das Lebensalter, zur Anrechnung.

Als Kriegszeit gilt in dieser Beziehung die Zeit vom Tage einer angeordneten Mobilmachung, auf welche ein Krieg folgt, bis zum Tage der Demobilmachung.

1) Beamten-, wie Militair-Dienstzeit.

§ 49. Für jeden Feldzug, an welchem ein Beamter

im Reichsheere, in der Kaiserlichen Marine oder in der Armee eines Bundesstaates derart theilgenommen hat, daß er wirklich vor den Feind gekommen, oder in dienstlicher Stellung den mobilen Truppen in das Feld gefolgt, oder auf einem zur Verwendung gegen den Feind bestimmten Schiffe oder Fahrzeuge der Kaiserlichen Marine eingeschifft gewesen ist, wird demselben zu der wirklichen Dauer der Dienstzeit ein Jahr hinzugerechnet.

Ob eine militärische Unternehmung in dieser Beziehung als ein Feldzug anzusehen ist, und inwiefern bei Kriegen von längerer Dauer mehrere Kriegsjahre in Anrechnung kommen sollten, darüber wird in jedem Falle durch den Kaiser Bestimmung[1]) getroffen. Für die Vergangenheit bewendet es bei den hierüber in den einzelnen Bundesstaaten getroffenen Bestimmungen.

1) Kab.-Ordre v. 16. Mai 1871. (Armee-Verordngsbl. S. 113.)

Ich bestimme ..., daß der Feldzug gegen Frankreich von 1870, 1871 den an solchem Betheiligten bei Berechnung ihrer Dienstzeit nach folgenden Grundsätzen als Kriegsdienst in Anrechnung zu bringen ist:

1) denjenigen Betheiligten, welche in jedem der beiden vorbezeichneten Jahre an einer Schlacht, einem Gefechte, resp. einer Belagerung Theil genommen, oder welche je zwei Monate aus dienstlicher Veranlassung in Frankreich zugebracht haben, kommen zwei Kriegsjahre in Anrechnung;

2) denjenigen dagegen, welche diese Bedingungen nur in einem der Jahre 1870 oder 1871 erfüllt, sowie denjenigen, welche ohne an einem Kampfe Theil zu nehmen nur in den beiden Jahren zusammen zwei Monate fortlaufender Zeit aus dienstlicher Veranlassung in Frankreich zugebracht haben, ist nur ein Kriegsjahr in Anrechnung zu bringen.

Die Anrechnung des Jahres 1871 als Kriegsjahr für diejenigen, welche in diesem Jahre nicht an einem Kampfe betheiligt gewesen, findet jedoch überhaupt nur in dem Falle statt, wenn die Betreffenden bis zum 2. März d. J. mindestens zwei Monate aus dienstlicher Veranlassung in Frankreich anwesend waren.

Berlin, den 16. Mai 1871. Wilhelm.

An das (Preuß.) Staatsministerium.

§ 50. Inwieweit die Zeit eines Festungsarrestes oder einer Kriegsgefangenschaft angerechnet werden könne, ist nach den für die Pensionirung der Militärpersonen des Reichsheeres und der Kaiserlichen Marine geltenden gesetzlichen Bestimmungen zu bemessen.

§ 24. R.Ges. v. 27. Juni 1871. (R.G.Bl. S. 275.):

Von der Anrechnung ausgeschlossen ist:

a) die Zeit eines Festungsarrestes von einjähriger und längerer Dauer, sowie

b) die Zeit der Kriegsgefangenschaft.

Unter besonderen Umständen kann jedoch in diesen Fällen die Anrechnung und zwar in dem Falle unter a mit Genehmigung des Kontingentsherrn, in dem Falle unter b mit kaiserlicher Genehmigung stattfinden.

§ 51. Den gesandtschaftlichen und den besoldeten Konsulatsbeamten, welche in außereuropäischen Ländern eine längere als einjährige Verwendung gefunden haben, wird die daselbst zugebrachte Dienstzeit bei Verwendung in Ost- und Mittelasien, Mittel- und Südamerika bei der Pensionirung doppelt in Anrechnung gebracht.

Bei Verwendung von gesandtschaftlichen oder von besoldeten Konsulatsbeamten in anderen außereuropäischen Ländern als den vorbezeichneten ist es dem Beschlusse des Bundesraths vorbehalten, dem Vorstehenden entsprechende Bestimmungen zu treffen.

Vgl. § 49. — Seereisen der Marine-Beamten: S. u. Zusammenst. No. IV.

§ 52. Mit Genehmigung des Bundesraths kann nach Maßgabe der Bestimmungen in den §§ 45—49 die Zeit angerechnet werden, während welcher ein Beamter

1) sei es im In- oder Auslande als Sachwalter oder Notar fungirt, im Gemeinde-, Kirchen- oder Schuldienste oder im Dienste einer landesherrlichen Haus- oder Hofverwaltung sich befunden, oder
2) im Dienste eines dem Reiche nicht angehörigen Staates gestanden hat, oder
3) außerhalb des Dienstes des Reichs oder eines Bundesstaates praktisch beschäftigt gewesen ist, insofern und insoweit diese Beschäftigung vor Erlangung der Anstellung in einem Reichs- oder unmittelbaren Staatsamte herkömmlich[1]) war.

1) War die praktische Beschäftigung in den Prüfungsvorschriften vorgeschrieben, so muß sie als Dienstzeit angerechnet werden. § 46,4.

Nachweis der Dienstunfähigkeit.

§ 53. Zum Erweise der Dienstunfähigkeit eines seine Versetzung in den Ruhestand nachsuchenden Reichsbeamten ist die Erklärung der demselben unmittelbar vorgesetzten Dienstbehörde erforderlich, daß sie nach pflichtmäßigem Ermessen den Beamten für unfähig halte, seine Amtspflichten ferner zu erfüllen.

Inwieweit andere Beweismittel zu erfordern oder der Erklärung der unmittelbar vorgesetzten Behörde entgegen für ausreichend zu erachten sind, hängt von dem Ermessen der über die Versetzung in den Ruhestand entscheidenden Behörde ab.

§ 54. Die Bestimmung darüber, ob und zu welchem

Zeitpunkte dem Antrage eines Beamten auf Versetzung in den Ruhestand stattzugeben ist, sowie ob und welche Pension demselben zusteht, erfolgt durch die oberste Reichsbehörde. Bei denjenigen Beamten, welche eine Kaiserliche Bestallung erhalten haben, ist die Genehmigung des Kaisers zur Versetzung in den Ruhestand erforderlich.

Rechtsweg: Vgl. §§ 149, 155.

Zahlbarkeit der Pensionen.

§ 55. Die Versetzung in den Ruhestand tritt, sofern nicht auf den Antrag oder mit ausdrücklicher Zustimmung des Reichsbeamten ein früherer Zeitpunkt festgesetzt wird, mit dem Ablauf des Vierteljahres ein, welches auf den Monat folgt, in welchem dem Beamten die Entscheidung über seine Versetzung in den Ruhestand und die Höhe der ihm etwa zustehenden Pension (§ 54) bekannt gemacht worden ist.

Vgl. §§ 63, 67.

§ 56. Die Pensionen werden monatlich im voraus bezahlt.

Kürzung, Einziehung und Wiedergewährung der Pensionen.

§ 57. Das Recht auf den Bezug der Pension ruht:

1) wenn ein Pensionair das deutsche Indigenat verliert, bis zu etwaiger Wiedererlangung desselben;[1])
2) wenn und so lange ein Pensionair im Reichs- oder im Staatsdienste[2]) ein Diensteinkommen bezieht, insoweit, als der Betrag dieses neuen Diensteinkommens unter Hinzurechnung der Pension den Betrag des von dem Beamten vor der Pensionirung bezogenen Diensteinkommens übersteigt.

1) Vgl. § 29,2 u. Anm.

2) Statt der gesperrten Worte (Amendement v. Bernuth) hatte der Reg.-Ent.: „im Reichs-, im Staats- oder im Kommunaldienste" wie in § 30. Vgl. § 59 Anm.

§ 58. Ein Pensionair, welcher in eine an sich zur Pension berechtigende Stellung des Reichsdienstes wieder eingetreten ist (§ 57 Nr. 2), erwirbt für den Fall des Zurücktretens in den Ruhestand den Anspruch auf Gewährung einer nach Maßgabe seiner nunmehrigen verlängerten Dienstzeit und des in der neuen Stellung bezogenen Diensteinkommens berechnete Pension nur dann, wenn die neu hinzutretende Dienstzeit wenigstens ein Jahr betragen hat.

Mit der Gewährung einer hiernach neu berechneten Pension fällt bis auf Höhe des Betrages derselben das Recht auf den Bezug der früheren Pension hinweg.[1])

1) Ist das neue Diensteinkommen mindestens ebenso groß als das frühere, die neue Pension also höher, als die bisherige, so fällt letztere ganz fort.

§ 59. Erdient ein Pensionair, welcher in eine an sich zur Pension berechtigende Stellung des Staatsdienstes[1]) eingetreten ist, in dieser Stellung eine Pension, so findet neben derselben der Fortbezug der auf Grund dieses Gesetzes gewährten Pension nur in dem durch § 57 Nr. 2. begrenzten Umfange statt.

1) Statt der gesperrten Worte (Amendement v. Bernuth) hatte der Reg. Ent.: „des Staats- oder Kommunaldienstes", wie bei §§ 30, 57.

§ 60. Die Einziehung, Kürzung oder Wiedergewährung der Pension auf Grund der Bestimmungen in den §§ 57–59 tritt mit dem Beginn desjenigen Monats ein, welcher auf das eine solche Veränderung nach sich ziehende Ereigniß folgt.

Im Falle vorübergehender Wiederbeschäftigung im Reichs- oder im Staatsdienste gegen Tagegelder oder eine anderweite Entschädigung findet die im Schlußsatze des § 30 enthaltene Vorschrift Anwendung.

1) Statt der gesperrten Worte (Amendement v. Bernuth) hatte der Reg. Ent.: „im Reichs-, im Staats- oder im Kommunaldienste" wie bei § 30.

Zwangsweise Versetzung in den Ruhestand.

§ 61. Ein Reichsbeamter, welcher durch Blindheit, Taubheit oder ein sonstiges körperliches Gebrechen oder wegen Schwäche seiner körperlichen oder geistigen Kräfte zu der Erfüllung seiner Amtspflichten dauernd unfähig ist, soll in den Ruhestand versetzt werden.

Vgl. § 34.

§ 62. Sucht der Beamte in einem solchen Falle seine Versetzung in den Ruhestand nicht nach, so wird ihm oder seinem nöthigenfalls hierzu besonders zu bestellenden Kurator von der vorgesetzten Dienstbehörde unter Angabe der Gründe der Pensionirung und des zu gewährenden Pensionsbetrages eröffnet, daß der Fall seiner Versetzung in den Ruhestand vorliege.

§ 63. Wenn der Beamte gegen die ihm gemachte Eröffnung (§ 62) innerhalb sechs Wochen keine Einwendung erhoben hat, so wird in derselben Weise verfügt, als wenn er seine Pensionirung selbst nachgesucht hätte.

Die Zahlung des vollen Gehalts dauert bis zum Ablaufe desjenigen Vierteljahres, welches auf den Monat folgt, in dem ihm die Verfügung über die erfolgte Versetzung in den Ruhestand mitgetheilt ist.

Vgl. §§ 54, 55, 67, 149, 155.

§ 64. Werden von dem Beamten gegen die Versetzung in den Ruhestand Einwendungen erhoben, so beschließt die oberste Reichsbehörde, ob dem Verfahren Fortgang zu geben sei.

In diesem Falle hat der damit von der obersten Reichsbehörde zu beauftragende Beamte die streitigen Thatsachen zu erörtern, die erforderlichen Zeugen und Sachverständigen eidlich zu vernehmen, und dem zu pensionirenden Beamten oder dessen Kurator zu gestatten, den Vernehmungen beizuwohnen.

Zum Schluß ist der zu pensionirende Beamte oder dessen Kurator über das Ergebniß der Ermittelungen mit seiner Erklärung und seinem Antrage zu hören.

Zu den Verhandlungen ist ein vereideter Protokollführer zuzuziehen.

§ 65. Die geschlossenen Akten werden der obersten Reichsbehörde eingereicht, welche geeigneten Falles eine Vervollständigung der Ermittelungen anordnet.

Die baaren Auslagen für die durch die Schuld des zu pensionirenden Beamten veranlaßten erfolglosen Ermittelungen fallen demselben zur Last.

§ 66. Hat der Beamte eine Kaiserliche Bestallung erhalten, so erfolgt die Entscheidung über die Versetzung in den Ruhestand vom Kaiser im Einvernehmen mit dem Bundesrath.

In Betreff der übrigen Beamten steht die Entscheidung der obersten Reichsbehörde zu. Gegen diese Entscheidung hat der Beamte binnen einer Frist von vier Wochen nach deren Empfang den Rekurs an den Bundesrath. Des Rekursrechts ungeachtet kann der Beamte von der obersten Reichsbehörde sofort der weiteren Amtsverwaltung vorläufig enthoben werden.

Vgl. § 155.

§ 67. Die Zahlung des vollen Gehalts dauert bis zum Ablauf des Vierteljahres, das auf den Monat folgt, in welchem dem in Ruhestand versetzten Beamten die Entscheidung des Kaisers oder der obersten Reichsbehörde zugestellt worden ist.

Vgl. § 63 Abs. 2.

§ 68. Ist ein Beamter vor dem Zeitpunkte, mit welchem die Pensionsberechtigung für ihn eingetreten sein würde, dienstunfähig geworden, so kann er gegen seinen Willen nur unter Beobachtung derjenigen Formen, welche für das förmliche Disziplinarverfahren[1]) vorgeschrieben sind, in den Ruhestand versetzt werden.

Wird es jedoch von der obersten Reichsbehörde mit Zustimmung des Bundesrathes angemessen befunden, dem Beamten eine Pension zu dem Betrage zu bewilligen, welcher ihm bei Erreichung des vorgedachten Zeitpunktes zustehen würde, so kann die Pensionirung desselben nach den Vorschriften der §§ 61—67 erfolgen.

1) §§ 80 ff.

Bewilligung für Hinterbliebene.

§ 69. Hinterläßt ein Pensionair eine Wittwe oder eheliche Nachkommen, so wird die Pension noch für den auf den Sterbemonat folgenden Monat gezahlt. An wen die Zahlung erfolgt, bestimmt die oberste Reichsbehörde.

Die Zahlung der Pension für den auf den Sterbemonat folgenden Monat kann mit Genehmigung der obersten Reichsbehörde auch dann stattfinden, wenn der Verstorbene Eltern, Geschwister, Geschwisterkinder oder Pflegekinder, deren Ernährer er gewesen ist, in Bedürftigkeit hinterläßt, oder wenn der Nachlaß nicht ausreicht, um die Kosten der letzten Krankheit und der Beerdigung zu decken.

Der über den Sterbemonat hinaus gewährte einmonatliche Betrag der Pension kann nicht Gegenstand der Beschlagnahme sein.

Vgl. §§ 7, 8, 31.

Transitorische Bestimmungen.

§ 70. Ist die nach Maßgabe dieses Gesetzes bemessene Pension geringer als die Pension, welche dem Beamten hätte gewährt werden müssen, wenn er vor dem Erlasse dieses Gesetzes nach den damals für ihn geltenden Bestimmungen pensionirt worden wäre, so wird die letztere Pension an Stelle der ersteren bewilligt.

§ 71. Insofern vor der Uebernahme eines Beamten in den Reichsdienst hinsichtlich der aus den früheren Dienstverhältnissen demselben erwachsenden Pensions-Ansprüche mittelst eines vor dem Erlasse dieses Gesetzes abgeschlossenen Staatsvertrages besondere Festsetzungen getroffen sind, sollen diese Festsetzungen auch für die Berechnung der jenem Beamten demnächst aus der Reichskasse zu gewährenden Pension maßgebend sein. Indeß sollen statt der gedachten besonderen Bestimmnngen die im gegenwärtigen Gesetze enthaltenen Vorschriften insoweit Anwendung finden, als sie für den Beamten günstiger sind.

Allgemeine Bestimmungen über Dienstvergehen und deren Bestrafung.

§ 72. Ein Reichsbeamter, welcher die ihm obliegenden Pflichten (§ 10) verletzt, begeht ein Dienstvergehen und hat die Disziplinarbestrafung verwirkt.

Vgl. Anm. zu § 10.

§ 73. Die Disziplinarstrafen bestehen in:
1) Ordnungsstrafen,
2) Entfernung aus dem Amte.

§ 74. Ordnungsstrafen sind:
1) Warnung,
2) Verweis,
3) Geldstrafe,
bei besoldeten Beamten bis zum Betrage des einmonatlichen Diensteinkommens, bei unbesoldeten bis zu dreißig Thlrn.

Geldstrafe kann mit Verweis verbunden werden.

Der Reg.-Ent. führte noch auf:

4) Gegen untere Beamte auch Arreststrafe auf die Dauer von höchstens acht Tagen.

Vgl. zu 1) u. 2) § 80; zu 3) § 81.

§ 75. Die Entfernung aus dem Amte kann bestehen:
1) In Strafversetzung.

Dieselbe erfolgt durch Versetzung in ein anderes Amt von gleichem Range, jedoch mit Verminderung des Diensteinkommens um höchstens ein Fünftel. Statt der Verminderung des Diensteinkommens kann eine Geldstrafe verhängt werden, welche ein Drittel des Diensteinkommens eines Jahres nicht übersteigt.

Die Strafversetzung wird durch die oberste Reichsbehörde in Ausführung gebracht.

Vgl. § 23. Statt der gesperrten von der Reichstag-Kommission III. beschlossenen Worte hatte der Reg.-Ent.: „und Verlust des Anspruchs auf Umzugskosten, oder mit einem von beiden Nachtheilen". — Umzugskosten müssen also gewährt werden.

2) In Dienstentlassung.

Dieselbe hat den Verlust des Titels und Pensionsanspruchs von Rechtswegen zur Folge. Hat vor Beendigung des Disziplinarverfahrens das Amtsverhältniß bereits aufgehört, so wird, falls nicht der Angeschuldigte unter Uebernahme der Kosten freiwillig auf Titel und Pensionsanspruch verzichtet,[1]) auf deren Verlust an Stelle der Dienstentlassung erkannt.

Gehört der Angeschuldigte zu den Beamten, welche einen Anspruch auf Pension haben, und lassen besondere Umstände eine mildere Beurtheilung zu, so ist die Disziplinarbehörde ermächtigt, in ihrer Entscheidung zugleich festzusetzen, daß dem Angeschuldigten ein Theil des gesetzlichen Pensionsbetrages auf Lebenszeit oder auf gewisse Jahre zu belassen[2]) sei.

1) Vgl. § 100.

2) Statt „belassen" hatte der Reg.-Ent.: „als Unterstützung zu verabreichen."

§ 76. Welche der in den §§ 73 bis 75 bestimmten Strafen anzuwenden sei, ist nach der größeren oder geringeren Erheblichkeit des Dienstvergehens mit besonderer Rücksicht auf die gesammte Führung des Angeschuldigten zu ermessen.

§ 77. Im Laufe einer gerichtlichen Untersuchung darf

gegen den Angeschuldigten ein Disziplinarverfahren wegen der nämlichen Thatsachen nicht eingeleitet werden.

Wenn im Laufe eines Disziplinarverfahrens wegen der nämlichen Thatsachen eine gerichtliche Untersuchung gegen den Angeschuldigten eröffnet wird, so muß das Disziplinarverfahren bis zur Beendigung des gerichtlichen Verfahrens ausgesetzt werden.

Der Kriminalprozedur wird die Priorität vor dem Disziplinarverfahren eingeräumt. Danach müßte das letztere vor Anhörung der gerichtlichen Staatsanwaltschaft nicht angeordnet werden, wenn anzunehmen ist, daß diese bei Kenntniß des Falles einschreiten würde.

§ 78. Wenn von den gewöhnlichen Strafgerichten auf Freisprechung erkannt ist, so findet wegen derjenigen Thatsachen, welche in der gerichtlichen Untersuchung zur Erörterung gekommen sind, ein Disziplinarverfahren nur noch insofern statt, als dieselben an sich und ohne ihre Beziehung zu dem gesetzlichen Thatbestande der strafbaren Handlung, welche den Gegenstand der Untersuchung bildete, ein Dienstvergehen enthalten.[1])

Ist in einer gerichtlichen Untersuchung eine Verurtheilung ergangen, welche den Verlust des Amtes[2]) nicht zur Folge gehabt hat, so bleibt derjenigen Behörde, welche über die Einleitung des Disziplinarverfahrens zu verfügen hat (§ 84 Abs. 1), die Entscheidung darüber vorbehalten, ob außerdem ein Disziplinarverfahren einzuleiten oder fortzusetzen sei.

1) Dabei darf trotz der freien Beweiswürdigung (§ 108) die Feststellung des Strafrichters darüber, was als erwiesene oder widerlegte Thatsache zu erachten sei, nicht verworfen, das für unerwiesen Erachtete nur auf Grund neuer Beweise abweichend festgestellt, der Thatbestand des Strafgesetzes aber, wenn er danach

vorliegen sollte, nur geahndet werden, soweit er eine Verletzung der Amtspflichten auch dann enthalten würde, wenn das Strafgesetz nicht bestände.

2) Vgl. St.G.B. §§ 31, 33—37. E.G. § 5.

§ 79. Spricht das Gesetz bei Dienstvergehen, welche Gegenstand eines Disziplinarverfahrens werden, die Verpflichtung zur Wiedererstattung oder zum Schadensersatze oder eine sonstige civilrechtliche Verpflichtung aus, so gehört die Klage der Betheiligten vor das Civilgericht. Die Befugniß der vorgesetzten Behörde, einen Beamten zur Erstattung eines **widerrechtlich erhobenen** oder **vorenthaltenen** Werthbetrages anzuhalten, wird hierdurch nicht ausgeschlossen.

Die gesperrten Worte (Amendement Dr. Baehr) sollen nach St.B. S. 915 nur eine selbstverständliche Befugniß der Dienstbehörde zweifellos stellen. Vgl. R.St.G.B. §§ 188, 231.

Von dem Disziplinarverfahren.

Zu §§ 80—83, vgl. wegen der Militärbeamten § 123.

§ 80. Jeder Dienstvorgesetzte ist zu Warnungen und Verweisen gegen die ihm untergeordneten Reichsbeamten befugt.

§ 81. Geldstrafen können

1) von der obersten Reichsbehörde gegen alle Reichsbeamte, und zwar bis zum höchsten zulässigen Betrage (§ 74 Nr. 3),
2) von den derselben unmittelbar untergeordneten Behörden und Vorstehern von Behörden bis zum Betrage von zehn Thalern,
3) von den den letzteren untergeordneten Behörden und Vorstehern von Behörden bis zum Betrage von drei Thalern

verhängt werden.

§ 82. Vor der Verhängung einer Ordnungsstrafe ist dem Beamten Gelegenheit zu geben, sich über die ihm zur Last gelegte Verletzung seiner amtlichen Pflichten zu verantworten.

Die Verhängung der Ordnungsstrafen erfolgt unter Angabe der Gründe durch schriftliche Verfügung oder zu Protokoll.[1])

Ist eine Geldstrafe für den Fall der Nichterledigung einer speziellen dienstlichen Verfügung binnen einer bestimmten Frist angedroht, so kann nach Ablauf der Frist die Geldstrafe ohne Weiteres festgesetzt werden.

1) Vgl. § 98.

§ 83. Gegen die Verhängung von Ordnungsstrafen findet nur Beschwerde im Instanzenzuge statt.

Vgl. § 110. Anm.

§ 84. Der Entfernung aus dem Amte muß ein förmliches Disziplinarverfahren vorhergehen. Die Einleitung desselben wird von der obersten Reichsbehörde verfügt.

Das Disziplinarverfahren besteht in einer schriftlichen Voruntersuchung und einer mündlichen Verhandlung.

Vgl. § 127.

§ 85. Die oberste Reichsbehörde ernennt den untersuchungsführenden Beamten und diejenigen Beamten, welche im Laufe des Disziplinarverfahrens die Verrichtungen der Staatsanwaltschaft wahrzunehmen haben.

Ist Gefahr im Verzuge, so kann die Verfügung der Einleitung des Disziplinarverfahrens und die Ernennung des untersuchungsführenden Beamten vorläufig von einer der im § 81 unter Nr. 2 bezeichneten Behörden oder einem der dort bezeichneten Beamten ausgehen. Es ist alsdann die Genehmigung der obersten Reichsbehörde einzuholen und, sofern diese versagt wird, das Verfahren einzustellen.

Nach den Beschlüssen der Reichstagskommission und des Reichstages in 2. Berathung sollte als untersuchungsführender Beamter ein etatsmäßiger Richter durch das betreffende Obergericht auf Ersuchen der Centralreichsbehörde ernannt werden und der zweite Absatz des § fortfallen. In 3. Berathung ist nach dem Antrage v. Dörnberg der Reg. Ent. wiederhergestellt worden.

§ 86. Die entscheidenden Disziplinarbehörden, welche je nach Bedürfniß zusammentreten, sind

1) in erster Instanz die Disziplinarkammern,

2) in zweiter Instanz der Disziplinarhof.

Vgl. § 87. Anm.

§ 87. An folgenden Orten:

Potsdam, Frankfurt a. O., Königsberg, Danzig, Stettin, Köslin, Bromberg, Posen, Magdeburg, Erfurt, Breslau, Liegnitz, Oppeln, Münster, Arnsberg, Düsseldorf, Köln, Trier, Darmstadt, Frankfurt a. M., Kassel, Hannover, Schleswig, Leipzig, Karlsruhe, Schwerin, Lübeck und Bremen

wird je eine Disziplinarkammer errichtet.

Durch Anordnung des Kaisers können im Einvernehmen mit dem Bundesrath einzelne Disziplinarkammern auch an anderen Orten errichtet werden.

Der Disziplinarhof tritt am Sitze des Reichs-Oberhandelsgerichts zusammen.[1])

1) Der Reg. Ent. nahm Berlin als Sitz des Disziplinarhofes in Aussicht; die Abänderung (Amendement Kanngießer) entspricht der des § 91 nach den Beschlüssen der Reichstagskommission III.

§ 88. Die Bezirke der Disziplinarkammern werden vom Kaiser im Einvernehmen mit dem Bundesrathe abgegrenzt.

Zuständig im einzelnen Falle ist die Disziplinarkammer, in deren Bezirk der Angeschuldigte *zur Zeit der Einleitung des förmlichen Disziplinarverfahrens* seinen dienstlichen Wohnsitz hat, und wenn dieser Wohnsitz im Auslande sich befindet, die Disziplinarkammer in Potsdam.

Streitigkeiten über die Zuständigkeit verschiedener Disziplinarkammern werden vom Disziplinarhof entschieden.

Die gesperrten Worte sind Zusätze des Reichstags nach den Beschlüssen der Kommission.

§ 89. Jede Disziplinarkammer besteht aus sieben Mitgliedern. Der Präsident und wenigstens drei andere Mitglieder müssen in richterlicher Stellung in einem Bundesstaate sein.

Die mündliche Verhandlung und Entscheidung in den einzelnen Disziplinarsachen erfolgt durch fünf Mitglieder. Der Vorsitzende und wenigstens zwei Beisitzer müssen zu den richterlichen Mitgliedern gehören.

Der Reg. Ent. sah beim Präsidenten von der Bedingung der richterlichen Stellung ab.

§ 90. Wenn auf den Antrag des Beamten der Staatswaltschaft oder des Angeschuldigten der Disziplinarhof das Vorhandensein von Gründen anerkennt, welche die Unbefangenheit der zuständigen Disziplinarkammer zweifelhaft machen, so tritt eine andere durch den Disziplinarhof ernannte Disziplinarkammer an deren Stelle.

§ 91. Der Disziplinarhof besteht aus elf Mitgliedern, von denen wenigstens vier zu den Bevollmächtigten zum

Bundesrathe, der Präsident und wenigstens fünf zu den Mitgliedern des Reichs-Oberhandelsgerichts gehören müssen.

Die mündliche Verhandlung und Entscheidung in den einzelnen Disziplinarsachen erfolgt durch sieben Mitglieder. Der Vorsitzende und wenigstens drei Beisitzer müssen zu den richterlichen Mitgliedern gehören.

Der nach den Beschlüssen der Reichstagskommission abgeänderte Reg. Ent. lautete:

„Der Disziplinarhof besteht aus einem Präsidenten und acht anderen Mitgliedern, von denen wenigstens drei zu den Bevollmächtigten zum Bundesrathe und wenigstens vier zu den Mitgliedern der im Reichsgebiete befindlichen höchsten Gerichtshöfe gehören müssen. Zur Erledigung der Disziplinarsachen ist bei dem Disziplinarhofe die Theilnahme von mindestens fünf Mitgliedern mit Einschluß des Vorsitzenden erforderlich, von denen wenigstens zwei zu den richterlichen Mitgliedern gehören müssen."

§ 92. Die Geschäftsordnung bei den Disziplinarbehörden, insbesondere die Befugnisse des Präsidenten und die Reihenfolge, in welcher die richterlichen Mitglieder an den einzelnen Sitzungen theilzunehmen haben, wird durch ein Regulativ geordnet, welches der Disziplinarhof zu entwerfen und dem Bundesrath zur Bestätigung einzureichen hat.

Zusätzliche Bestimmung zum Reg. Ent. nach den Beschlüssen der Kommission.

§ 93. Die Mitglieder der Disziplinarkammern und des Disziplinarhofes werden für die Dauer der zur Zeit ihrer Ernennung von ihnen bekleideten Reichs- oder Staatsämter vom Bundesrath gewählt, vom Kaiser ernannt, und für die Erfüllung der Obliegenheiten ihres Amtes verpflichtet.

Statt der gesperrten, nach den Kommissionsbeschlüssen genehmigten Worte, hatte der Reg. Ent.: „alle drei Jahre."

§ 94. In der Voruntersuchung wird der Angeschuldigte unter Mittheilung der Anschuldigungspunkte vorgeladen und der Beamte der Staatsanwaltschaft zugezogen. Dieselben werden, wenn sie erscheinen, mit ihren Erklärungen und Anträgen gehört. Die Zeugen werden, nach Befinden eidlich, vernommen, und die sonstigen Beweise erhoben. Den Vernehmungen der Zeugen darf weder der Beamte der Staatsanwaltschaft noch der Angeschuldigte beiwohnen.

Die Verhaftung, vorläufige Festnahme oder Vorführung des Angeschuldigten ist unzulässig.

Die gesperrten Worte wurden vom Reichstage als Zusätze zum Reg. Ent. unter Zustimmung der Regierung in 3. Berathung nach den Kommissionsbeschlüssen angenommen.

In 2. Berathung war nach dem Antrage Lasker beschlossen worden: „Den Vernehmungen der Zeugen dürfen der Beamte der Staatsanwaltschaft und der Angeschuldigte beiwohnen." Ein abgelehntes Amendement Kloß hatte auch die Vereidung der Zeugen in der Voruntersuchung ausschließen, ein anderes dem Angeschuldigten die Zuziehung eines Vertheidigers zu den Verhandlungen der Voruntersuchung gestatten wollen. Vgl. § 102.

§ 95. Ueber jede Untersuchungshandlung ist durch einen vereideten Protokollführer ein Protokoll aufzunehmen. Den vernommenen Personen ist ihre Aussage unmittelbar nach der Protokollirung vorzulesen, um denselben Gelegenheit zur Berichtigung und Ergänzung zu geben.

§ 96. Wenn der Voruntersuchungs-Beamte die Voruntersuchung für geschlossen erachtet, so theilt er die Akten dem Beamten der Staatsanwaltschaft mit. Hält dieser eine Ergänzung der Voruntersuchung für erforderlich, so hat er dieselbe bei dem Voruntersuchungs-Beamten zu beantragen, welcher, wenn er entgegengesetzter Ansicht ist, die Entscheidung der obersten Reichsbehörde einzuholen hat.

§ 97. Nach geschlossener Voruntersuchung ist dem Angeschuldigten der Inhalt der erhobenen Beweismittel mitzutheilen. Darauf werden die Akten an die oberste Reichsbehörde eingesendet.

§§ 95—97. sind Zusätze zum Reg. Ent. nach den Kommissionsbeschlüssen.

§ 98. Die oberste Reichsbehörde kann mit Rücksicht auf den Ausfall der Voruntersuchung das Verfahren einstellen, und geeigneten Falls eine Ordnungsstrafe verhängen.

Der Angeschuldigte erhält Ausfertigung des darauf bezüglichen, mit Gründen zu unterstützenden Beschlusses.

Vgl. § 82.

§ 99. Die Wiederaufnahme des Disziplinarverfahrens wegen der nämlichen Anschuldigungspunkte ist nur auf Grund neuer Beweise und während eines Zeitraums von fünf Jahren, vom Tage des Einstellungsbeschlusses ab, zulässig.

War eine Ordnungsstrafe verhängt (§ 98), so findet eine Wiederaufnahme des eingestellten Disziplinarverfahrens nicht statt.

Zusatz zum Reg.-Ent. nach den Kommissionsbeschlüssen.

§ 100. Die Einstellung des Verfahrens muß erfolgen, sobald der Angeschuldigte seine Entlassung aus dem Reichsdienste mit Verzicht auf Titel, Gehalt und Pensionsanspruch nachsucht,[1]) vorausgesetzt, daß er seine amtlichen Geschäfte bereits erledigt und über eine ihm etwa anvertraute Verwaltung von Reichsvermögen vollständige Rechnung gelegt hat.

Die Verhängung einer Ordnungsstrafe ist in diesem Falle nicht zulässig. Die Kosten des eingestellten Verfahrens (§ 124) fallen dem Angeschuldigten zur Last.

1) Vgl. § 75, 2.

§ 101. Beschließt die oberste Reichsbehörde die Verweisung der Sache vor die Disziplinarkammer, so wird der Angeschuldigte nach Eingang einer von dem Beamten der Staatsanwaltschaft anzufertigenden Anschuldigungsschrift unter abschriftlicher Mittheilung der letzteren zu einer von dem Vorsitzenden der Disziplinarkammer zu bestimmenden Sitzung zur mündlichen Verhandlung vorgeladen.

Der Angeschuldigte kann sich des Beistandes eines Advokaten oder Rechtsanwalts als Vertheidigers bedienen. Dem Letzteren ist die Einsicht der Voruntersuchungs-Akten zu gestatten.

§ 102. Die mündliche Verhandlung findet statt, auch wenn der Angeschuldigte nicht erschienen ist. Derselbe kann sich durch einen Advokaten oder Rechtsanwalt vertreten lassen. Der Disziplinarkammer steht es jedoch, sofern der Angeschuldigte seinen dienstlichen Wohnsitz im Deutschen Reiche hat, jederzeit zu, das persönliche Erscheinen des Angeschuldigten unter der Warnung zu verordnen, daß bei seinem Ausbleiben ein Vertheidiger zu seiner Vertretung nicht werde zugelassen werden.

§ 103. Die mündliche Verhandlung ist öffentlich. Die Oeffentlichkeit kann aus besonderen Gründen auf den Antrag des Angeschuldigten, des Beamten der Staatsanwaltschaft oder von Amtswegen durch Beschluß der Disziplinarkammer ausgeschlossen oder auf bestimmte Personen beschränkt werden. Die Gründe der Ausschließung oder Beschränkung der Oeffentlichkeit müssen aus dem Sitzungsprotokoll hervorgehen.

Zusatz zum Reg.-Ent. nach den Kommissionsbeschlüssen.

§ 104. Bei der mündlichen Verhandlung wird der wesentliche Inhalt der Anschuldigungsschrift von dem Beamten der Staatsanwaltschaft mündlich vorgetragen. Der Angeschuldigte wird vernommen. Gesteht derselbe die den Gegenstand der Anschuldigung bildenden Thatsachen ein und walten gegen die Glaubwürdigkeit seines Geständnisses keine Bedenken ob, so beschließt die Disziplinarkammer, daß eine Beweisverhandlung nicht stattfinde.[1])

Andernfalls giebt ein von dem Vorsitzenden der Disziplinarkammer aus der Zahl der Mitglieder ernannter Berichterstatter auf Grund der bisherigen Verhandlungen eine Darstellung der Beweisaufnahme, soweit sie sich auf die in der Anschuldigungsschrift enthaltenen Anschuldigungspunkte bezieht.

Zum Schluß wird der Beamte der Staatsanwaltschaft, mit seinem Vor- und Antrage und der Angeschuldigte mit seiner Vertheidigung gehört. Dem Angeschuldigten steht das letzte Wort zu.

1) Der erste Absatz ist nach den Kommissionsbeschlüssen zugefügt; der Reg.-Ent. ließ die Verhandlung mit dem Aktenreferate beginnen.

§ 105. Wenn die Disziplinarkammer vor oder im Laufe der mündlichen Verhandlung auf den Antrag des Angeschuldigten oder des Beamten der Staatsanwaltschaft, oder von Amts wegen die Vernehmung von Zeugen, sei es vor der Disziplinarkammer oder durch einen beauftragten Beamten, oder die Herbeischaffung anderer Beweismittel für angemessen erachtet, so erläßt sie die erforderliche Verfügung und verlegt nöthigenfalls die Fortsetzung der Verhandlung auf einen anderen Tag, welcher dem Angeschuldigten bekannt zu machen ist.

§ 106. Die Vernehmung der Zeugen muß auf Antrag des Beamten der Staatsanwaltschaft oder des Angeschuldigten in der mündlichen Verhandlung erfolgen, sofern die Thatsachen erheblich sind, über welche die Vernehmung stattfinden soll, und die Disziplinarkammer nicht die Ueberzeugung gewonnen hat, daß der Antrag nur auf Verschleppung der Sache abzielt.

Zusatz zum Reg.-Ent. nach den Kommissionsbeschlüssen.

§ 107. Stehen dem Erscheinen eines Zeugen Krankheit, große Entfernung oder andere unabwendbare Hindernisse entgegen, so ist von der Disziplinarkammer dessen Vernehmung durch einen damit beauftragten Beamten unter Beiladung der Staatsanwaltschaft und des Angeschuldigten anzuordnen.

Als große Entfernung im Sinne dieses Gesetzes ist es nicht anzusehen, wenn der Zeuge sich im Bezirke der entscheidenden Disziplinarkammer aufhält.

Zusatz nach den Kommissionsbeschlüssen.

§ 108. Bei der Entscheidung hat die Disziplinarkammer, ohne an positive Beweisregeln gebunden zu sein, nach ihrer freien, aus dem Inbegriffe der Verhandlungen und Beweise geschöpften Ueberzeugung zu beurtheilen, inwieweit die Anschuldigung für begründet zu erachten.

Ist die Anschuldigung nicht begründet, so spricht die Disziplinarkammer den Angeschuldigten frei. Vorläufige

Freisprechung (Entbindung von der Instanz) ist nicht statthaft. Gegen den freigesprochenen Angeschuldigten darf wegen der nämlichen den Gegenstand der Anschuldigung bildenden Handlung ein Disziplinarverfahren nicht wieder eingeleitet werden.[1])

Ist die Anschuldigung begründet, so kann die Entscheidung auch auf eine bloße Ordnungsstrafe[2]) lauten.

Die Entscheidung, welche mit Gründen versehen sein muß, wird in der Sitzung, in welcher die mündliche Verhandlung beendigt worden ist und spätestens innerhalb der darauf folgenden vierzehn Tage verkündet. Eine Ausfertigung der Entscheidung wird dem Angeschuldigten ertheilt.

1) Der zweite Absatz ist nach den Kommissionsbeschlüssen zugefügt.

2) Vgl. § 130.

§ 109. Ueber die mündliche Verhandlung wird ein Protokoll aufgenommen, welches die Namen der Anwesenden und die wesentlichen Momente der Verhandlung enthalten muß. Das Protokoll wird von dem Vorsitzenden und dem Protokollführer unterzeichnet.

§ 110. Gegen die Entscheidung der Disziplinarkammer steht die Berufung an den Disziplinarhof sowohl dem Beamten der Staatsanwaltschaft als dem Angeschuldigten offen.[1])

Neue Thatsachen, welche die Grundlage einer anderen Beschuldigung bilden, dürfen in der Berufungsinstanz nicht vorgebracht werden.

Der zweite Absatz ist nach den Kommissionsbeschlüssen zugefügt.

1) Nach dem klaren Wortlaute also dem Angeschuldigten gegen die Regel des § 83 auch dann, wenn nach § 108 Abs. 3. auf bloße Ordnungsstrafe erkannt worden ist.

§ 111. Die Anmeldung der Berufung geschieht zu Protokoll oder schriftlich bei der Disziplinarkammer, welche die anzugreifende Entscheidung erlassen hat. Von Seiten des Angeschuldigten kann sie auch durch einen Bevollmächtigten geschehen.

Die Frist zu dieser Anmeldung ist eine vierwöchentliche. Sie beginnt für den Beamten der Staatsanwaltschaft mit dem Ablaufe des Tages, an welchem die Entscheidung verkündet, für den Angeschuldigten mit dem Ablaufe des Tages, an welchem ihm die Ausfertigung der Entscheidung zugestellt worden ist.

§ 112. Zur schriftlichen Rechtfertigung der Berufung steht demjenigen, der dieselbe rechtzeitig angemeldet hat, eine vierzehntägige Frist, vom Ablaufe der Anmeldungsfrist gerechnet, offen.

§ 113. Die Anmeldung der Berufung und die etwa eingegangene Berufungsschrift wird dem Gegner in Abschrift zugestellt, und falls dies der Beamte der Staatsanschaft ist, in Urschrift vorgelegt.

Innerhalb vierzehn Tagen nach erfolgter Zustellung oder Vorlegung kann der Gegner eine Beantwortungsschrift einreichen.

§ 114. Befindet sich der Angeschuldigte im Auslande, so hat die Disziplinarkammer die Fristen zur Anmeldung und Rechtfertigung seiner Berufung und zur Beantwortung der Berufung des Beamten der Staatsanwaltschaft mit Rücksicht auf die Entfernung des dienstlichen Wohnsitzes des Angeschuldigten von Amts wegen zu erweitern und die betreffende Verfügung gleichzeitig mit dem Urtheil beziehungsweise mit der Anmeldung der Berufung des Beamten der Staatsanwaltschaft dem Angeschuldigten zuzustellen.

§ 115. Die Fristen zur Rechtfertigung und Beantwortung der Berufung (§§ 112—114) können auf Antrag von der Disziplinarkammer verlängert werden.

§ 116. Nach Ablauf der in den §§ 113—115 bestimmten Fristen werden die Akten an den Disziplinarhof eingesandt.

Der Disziplinarhof kann die zur Aufklärung der Sache etwa erforderlichen Verfügungen erlassen. Er bestimmt sodann eine Sitzung zur mündlichen Verhandlung, zu welcher der Angeschuldigte vorzuladen und der Beamte der Staatsanwaltschaft zuzuziehen ist.

In der mündlichen Verhandlung giebt zunächst ein von dem Vorsitzenden des Disziplinarhofs aus der Zahl seiner Mitglieder ernannter Berichterstatter eine Darstellung der bis dahin stattgefundenen, auf die in der Anschuldigungsschrift enthaltenen Anschuldigungspunkte bezüglichen Verhandlungen.

Im Uebrigen wird nach Maßgabe der in den § 101 Absatz 2, § 102, § 103, § 104 Absatz 2 u. 3, § 105, § 106, § 107 Absatz 1, § 108 u. § 109 enthaltenen Bestimmungen verfahren.

§ 117. Ein anderes Rechtsmittel, als die Berufung, insbesondere auch das Rechtsmittel des Einspruchs (Opposition oder Restitution) findet im Disziplinarverfahren nicht statt.

§ 118. Der Kaiser hat das Recht, die von den Disziplinarbehörden verhängten Strafen zu erlassen oder zu mildern.

§ 119. Die Vorschriften der §§ 84—118 gelten auch in Ansehung der einstweilig in den Ruhestand versetzten Beamten.

Der letzte dienstliche Wohnsitz derselben ist für die Zuständigkeit im Disziplinarverfahren entscheidend.

Vgl. § 132.

Besondere Bestimmungen in Betreff der Beamten der Militairverwaltung.

§ 120. Gegen Militärbeamte, welche ausschließlich unter Militairbefehlshabern stehen, verfügt der kommandirende General des Armeekorps, beziehungsweise der Chef der Kaiserlichen Admiralität die Einleitung der Untersuchung und ernennt den Voruntersuchungs-Beamten.

Wegen der Klassifikation der Militairbeamten vgl. die Anlage: Zusammenstellung besonderer Vorschriften ꝛc. und die Beilage zu Nr. IV. derselben a. E.

§ 121. Die entscheidende Disziplinarbehörde erster[1]) Instanz ist die Militär-Disziplinarkommission.

Für jedes Armeekorps tritt die Militär-Disziplinarkommission am Garnisonorte des General-Kommandos zusammen. Dieselbe wird aus einem Obersten als Vorsitzenden und sechs anderen Mitgliedern, von denen drei zu den Stabsoffizieren, Hauptleuten oder Rittmeistern, die übrigen zu den oberen Beamten der Militärverwaltung gehören müssen, gebildet.

Die Militär-Disziplinarkommissionen für die Marine haben ihren Sitz an den betreffenden Marine-Stationsorten und bestehen aus einem Kapitän zur See als Vorsitzenden und sechs anderen Mitgliedern, von denen drei zu den Staabsoffizieren der Marine oder zu den Kapitän-Lieutenants, die übrigen zu den oberen Beamten der Marineverwaltung gehören müssen.

Die Mitglieder der Kommission werden von der obersten Reichsbehörde ernannt.

1) In 2. Instanz entscheidet auch hier der Disziplinarhof.

§ 122. Die Verrichtungen der Staatsanwaltschaft bei den Militär-Disziplinarkommissionen werden von dem Korps-Auditeur, beziehungsweise dem Marine-Stationsauditeur wahrgenommen. Im Behinderungsfalle wird von der obersten Reichsbehörde ein anderer Auditeur mit der Stellvertretung beauftragt.

§ 123. Gegen Militärbeamte[1]) kommen in Betreff der Verfügung von Disziplinarstrafen, die nicht in der Entfernung aus dem Amte bestehen, die auf jene Beamten bezüglichen besonderen Bestimmungen zur Anwendung. Dasselbe gilt von der Amtssuspension aller Beamten der Militärverwaltung im Falle des Krieges.[2])

1) Auch gegen diejenigen, welche sich in einem doppelten Unterordnungsverhältnisse, einmal zum Militärbefehlshaber, dann zur vorgesetzten Verwaltungsbehörde befinden; die §§ 80—83 derogiren also den für sie gegebenen „bezüglichen besonderen Bestimmungen" nicht. Im Uebrigen vgl. wegen der Disziplinarbestrafungen der Militärbeamten die Anlage: Zusammenstellung besonderer Vorschriften zu IV.

2) Vgl. M.St.G.B. § 153.

Kosten des Disziplinarverfahrens.

§ 124. Für das Disziplinarverfahren werden weder Gebühren, noch Stempel, sondern nur baare Auslagen in Ansatz gebracht.

Insoweit im förmlichen Disziplinarverfahren (§ 84) der Angeschuldigte verurtheilt wird, ist er schuldig, die baaren

Auslagen des Verfahrens ganz oder theilweise zu erstatten. Ueber die Erstattungspflicht entscheidet das Disziplinar-Erkenntniß.

Vorläufige Dienstenthebung.

§ 125. Die vorläufige Dienstenthebung eines Reichsbeamten (Suspension vom Amte) tritt kraft des Gesetzes ein:

1) wenn im gerichtlichen Strafverfahren seine Verhaftung beschlossen, oder gegen ihn ein noch nicht rechtskräftig gewordenes Urtheil erlassen ist, welches den Verlust des Amtes kraft des Gesetzes nach sich zieht;[1])
2) wenn im Disziplinarverfahren eine noch nicht rechtskräftige Entscheidung ergangen ist, welche auf Dienstentlassung lautet.

1) §§ 31, 33—35 R.St.G.B. vgl. auch §§ 81, 83, 84, 87 bis 91, 94, 95, 128, 129, 331, 339—341, 352—355, 357, 358 ebd.

§ 126. Im Falle des § 125 Nr. 1 dauert die Suspension bis zum Ablauf des zehnten Tages nach Wiederaufhebung des Verhaftungsbeschlusses oder nach eingetretener Rechtskraft desjenigen Urtheils höherer Instanz, durch welches der angeschuldigte Beamte zu einer anderen Strafe als der bezeichneten verurtheilt wird.

Lautet das rechtskräftige Urtheil auf Freiheitsstrafe, so dauert die Suspension, bis das Urtheil vollstreckt ist. Wird die Vollstreckung des Urtheils ohne Schuld des Verurtheilten aufgehalten oder unterbrochen, so tritt für die Zeit des Aufenthalts oder der Unterbrechung eine Gehaltskürzung (§ 128) nicht ein. Dasselbe gilt für die im ersten Absatze dieses Paragraphen erwähnte Zeit von zehn Tagen, wenn nicht vor Ablauf derselben die Suspension vom Amte im Wege des Disziplinarverfahrens beschlossen wird.

Im Falle des § 125 Nr. 2 dauert die Suspension bis zur Rechtskraft der in der Disziplinarsache ergehenden Entscheidung.

§ 127. Die oberste Reichsbehörde kann die Suspension, sobald gegen den Beamten ein gerichtliches Strafverfahren eingeleitet oder die Einleitung eines förmlichen Disziplinarverfahrens (§ 84) verfügt wird, oder auch demnächst im Laufe des einen oder anderen Verfahrens bis zur rechtskräftigen Entscheidung verfügen.

§ 128. Während der Suspension des Beamten wird vom Ablauf des Monats ab, in welchem dieselbe verfügt ist, die Hälfte seines Diensteinkommens innebehalten.

In Fällen der Noth des Beamten ist die oberste Reichsbehörde ermächtigt, die Innebehaltung des Diensteinkommens auf den vierten Theil desselben zu beschränken.

Auf die für Dienstunkosten besonders angesetzten Beträge ist bei Berechnung des innezubehaltenden Theils vom Diensteinkommen keine Rücksicht zu nehmen.

Der innebehaltene Theil des Diensteinkommens ist zu den Kosten, welche durch die Stellvertretung des Angeschuldigten verursacht werden, der etwaige Rest zu den Untersuchungskosten (§ 124) zu verwenden. Einen weiteren Beitrag zu den Stellvertretungskosten zu leisten, ist der Beamte nicht verpflichtet.

Vgl. §§ 149, 155.

§ 129. Der zu den Kosten (§ 128) nicht verwendete Theil des Einkommens wird dem Beamten auch in dem Falle nachgezahlt, wo das Verfahren die Entfernung aus dem Amte zur Folge gehabt hat.

Dem Beamten ist auf Verlangen ein Nachweis über die Verwendung zu ertheilen. Erinnerungen gegen die Verwendung können im Rechtswege nicht geltend gemacht werden.

§ 130. Wird der Beamte freigesprochen, so muß ihm der innebehaltene Theil des Diensteinkommens vollständig nachgezahlt werden.

Wird er nur mit einer Ordnungsstrafe [1]) belegt, so ist ihm der innebehaltene Theil insoweit nachzuzahlen, als derselbe nicht zur Deckung der ihn treffenden Untersuchungskosten und der Ordnungsstrafe erforderlich ist. Ein Abzug wegen der Stellvertretungskosten findet nicht statt.

1) Vgl. § 108.

§ 131. Wenn Gefahr im Verzuge ist, kann einem Beamten auch von solchen Vorgesetzten, die seine Suspension zu verfügen nicht ermächtigt sind, die Ausübung der Amtsverrichtungen vorläufig untersagt werden; es ist aber darüber sofort an die oberste Reichsbehörde zu berichten.

Diese Untersagung hat eine Kürzung des Diensteinkommens nicht zur Folge.

§ 132. Dem unter Gewährung des gesetzlichen Wartegeldes einstweilen in den Ruhestand versetzten Beamten wird ein Viertel des Wartegeldes innebehalten, wenn im Disziplinarverfahren [1]) eine noch nicht rechtskräftige Entscheidung ergangen ist, welche auf Dienstentlassung lautet.

Wegen der Nachzahlung des innebehaltenen Theils vom Wartegelde kommen die Grundsätze der §§ 129 u. 130 zur Anwendung.

1) Vgl. 125,2. Die vom Reg. Ent. beabsichtigte analoge Anwendung von § 125,1 wurde vom Reichstage nach den Kommissionsbeschlüssen verworfen.

§ 133. Alle nach den Bestimmungen der §§ 61 bis 132 erfolgenden Aufforderungen, Mittheilungen, Zustellungen und Vorladungen sind gültig und bewirken den Lauf der Fristen, wenn sie unter Beobachtung der für gerichtliche Insinuation in Strafsachen vorgeschriebenen Formen demjenigen, an den sie ergehen, zugestellt sind. Die vereideten Verwaltungsbeamten haben dabei den Glauben der Gerichtsboten.

Hat der Angeschuldigte seinen dienstlichen Wohnsitz verlassen, ohne daß seine vorgesetzte Behörde Kenntniß von seinem Aufenthalt hat, so erfolgt die Insinuation in der letzten Wohnung des Angeschuldigten an dem dienstlichen Wohnort desselben.

Besondere Bestimmungen über die Defekte der Beamten.

§§ 134—148 finden auch auf Personen des Soldatenstandes Anwendung. § 157.

§ 134. Die Feststellung der Defekte an öffentlichem oder Privatvermögen, welche bei Reichskassen oder anderen Reichsverwaltungen entdeckt werden, ist zunächst von derjenigen Behörde zu bewirken, zu deren Geschäftskreise die unmittelbare Aufsicht über die Kasse oder andere Verwaltung gehört.

Behörde: Vgl. § 159.

§ 135. Von dieser Behörde ist zugleich festzustellen, ob ein Reichsbeamter und eintretenden Falls welcher Beamte nach den Vorschriften der § 141 für den Defekt zu haften hat, und bei einem Defekt an Materialien, auf wie hoch die zu erstattende Summe in Gelde zu berechnen ist.

§ 136. Ebenso (§§ 134 und 135) hat die unmittelbar vorgesetzte Behörde die Defekte an solchem öffentlichen oder Privatvermögen festzustellen, welches, ohne zu einer Reichskasse oder anderen Reichsverwaltung gebracht zu sein, vermöge besonderer amtlicher Anordnung in den Gewahrsam eines Reichsbeamten gekommen ist.

§ 137. Ueber den Betrag des Defekts, die Person des zum Ersatz verpflichteten Beamten und den Grund seiner Verpflichtung ist von der in den §§ 134 und 135 bezeichneten Behörde ein motivirter Beschluß abzufassen.

§ 138. Nach Befinden der Umstände kann die Behörde auch mehrere Beschlüsse abfassen, wenn ein Theil des Defekts sofort klar ist, der andere Theil aber noch weitere Ermittelungen nothwendig macht, ingleichen, wenn unter mehreren Personen die Verpflichtung der einen feststeht, die der anderen noch zweifelhaft ist.

§ 139. Hat die Behörde die Eigenschaft einer höheren Reichsbehörde, so ist der Beschluß nach Maßgabe der §§ 143 und 144 vollstreckbar.

In allen anderen Fällen unterliegt der Beschluß der Prüfung der vorgesetzten höheren Reichsbehörde und wird erst nach deren Genehmigung vollstreckbar.[1])

Vom dem Beschlusse ist der obersten Reichsbehörde unverzüglich Kenntniß zu geben.

Der obersten Reichsbehörde bleibt in allen Fällen unbenommen, einzuschreiten und den Beschluß selbst abzufassen oder zu berichtigen.

1) Vgl. 146. 147.

§ 140. In dem abzufassenden Beschlusse ist zugleich zu bestimmen, welche Vollstreckungs- oder Sicherheitsmaßregeln behufs des Ersatzes des Defekts zu ergreifen sind.

Für diese Maßregeln sind die Gesetze des Bundesstaates, in welchem dieselben erfolgen, entscheidend.

§ 141. Der abzufassende Beschluß kann auf die unmittelbare Verpflichtung zum Ersatz des Defekts gerichtet werden:

1) gegen jeden Beamten, welcher der Unterschlagung als Thäter oder Theilnehmer nach der Ueberzeugung der Reichsbehörde überführt ist;

2) a. gegen diejenigen Beamten, welchen die Kasse u. s. w. zur Verwaltung übergeben war, und zwar auf Höhe des ganzen Defekts,

b. gegen jeden anderen Beamten, der an der Einnahme oder Ausgabe, der Erhebung, der Ablieferung oder dem Transport von Kassen vermöge seiner dienstlichen Stellung theilzunehmen hatte, jedoch nur auf Höhe des in seinen Gewahrsam gekommenen Betrages,

sofern der Defekt nach der Ueberzeugung der Reichsbehörde durch grobes Versehen entstanden ist.

Eben dies gilt gegen die in § 136 genannten Beamten in den daselbst bezeichneten Fällen.

1) Vgl. § 146.

2) Ein mit § 11. der Pr. V. v. 24. Januar 1844 (Pr.G.S. S. 71.) gleichlautender § des Reg. Ent.:

Der abzufassende Beschluß kann ferner auf Beschlagnahme des Vermögens oder Gehaltes zur Sicherung des demnächst im Wege Rechtens auszuführenden Anspruchs, sofern der Defekt aus dem Vermögen der § 141 genannten zunächst verantwortlichen Beamten und deren Dienstkaution nicht zu decken sein sollte, gerichtet werden gegen diejenigen Beamten, welche zwar die defektirten Gelder oder Gegenstände nicht in ihrem Gewahrsam gehabt, aber an deren Vereinnahmung, Verausgabung oder Verschlusse in der Weise unmittelbar Theil zu nehmen hatten, daß der Defekt ohne ihr grobes Versehen nicht hätte entstehen können.

ist in der Annahme, daß das gewöhnliche gerichtliche Verfahren das Interesse des Fiskus und der beschädigten Privatpersonen ausreichend schütze, vom Reichstage nach den Kommissionsbeschlüssen verworfen worden.

§ 142. Sind Beamte, gegen welche die zwangsweise Einziehung des Defekts beschlossen wird, in der Verwaltung ihres Amtes, wofür sie eine Amtskaution gestellt haben, belassen worden, so haben dieselben wegen Ersatzes des Defekts anderweite Sicherheit zu leisten. Erfolgt die Sicherstellung nicht, so findet die Zwangsvollstreckung zunächst nicht in die Kaution, sondern in das übrige Vermögen statt.

S. das nachfolgende Reichs-Ges. v. 2. Juni 1869, betreffend die Kautionen der Reichsbeamten (B.G.Bl. S. 433.); insbesondere § 11.

§ 143. Die Verwaltungsbehörde ersucht die zuständigen Gerichte, Vollstreckungsbeamten oder Hypothekenbehörden um Vollziehung des Beschlusses.

Diese sind, ohne auf eine Beurtheilung der Rechtmäßigkeit des Beschlusses einzugehen, verpflichtet, wenn sonst kein Anstand obwaltet, schleunig, ohne vorgängiges Zahlungsmandat, die Zwangsvollstreckung auszuführen, die Beschlagnahme der zur Deckung des Defekts erforderlichen Vermögensstücke zu verfügen und die in Antrag gebrachten Eintragungen im Hypothekenbuche zu veranlassen.

§ 144. Gegen den Beschluß, wodurch ein Beamter zur Erstattung eines Defekts für verpflichtet erklärt wird (§§ 137 und 140), steht demselben sowohl hinsichtlich des

Betrages, als hinsichtlich der Ersatzverbindlichkeit außer der Beschwerde im Instanzenzuge der Rechtsweg[1]) zu.

Die Frist zur Beschreitung des Rechtsweges beträgt ein Jahr, ist eine Ausschlußfrist und beginnt mit dem Tage der dem Beamten geschehenen Bekanntmachung des vollstreckbaren Beschlusses, oder wenn der Beamte an seinem Wohnort nicht zu treffen ist, mit dem Tage des abgefaßten Beschlusses.

In dem auf die Klage des Beamten entstandenen Rechtsstreit hat das Gericht über die Wahrheit der thatsächlichen Behauptungen der Parteien nach seiner freien aus dem Inbegriff der Verhandlungen und Beweise geschöpften Ueberzeugung zu entscheiden.

Die Vorschriften der Landesgesetze über den Beweis durch Eid, sowie über die Beweiskraft öffentlicher Urkunden und gerichtlicher Geständnisse bleiben unberührt.

Ob einer Partei über die Wahrheit oder Unwahrheit einer thatsächlichen Behauptung noch ein Eid aufzuerlegen, bleibt dem Ermessen des Gerichts überlassen.

In der wegen des Defekts etwa eingeleiteten Untersuchung bleiben dem Beamten, insofern es auf die Bestrafung ankommt, seine Einreden gegen den abgefaßten Beschluß auch nach Ablauf des Jahres, wenngleich sie im Civilprozeß nicht mehr geltend gemacht werden können, vorbehalten.

1) Vgl. § 153.

§ 145. Das Gericht hat auf Antrag des Beamten darüber Beschluß zu fassen, ob die Zwangsvollstreckung fortzusetzen oder einstweilen einzustellen sei. Die einstweilige Einstellung erfolgt, wenn der Beamte glaubhaft macht, daß die Fortsetzung der Zwangsvollstreckung für ihn einen schwer ersetzlichen Nachtheil zur Folge haben würde. Das Gericht ist jedoch verpflichtet, falls es die Einstellung der Zwangsvollstreckung verordnet, an Stelle derselben auf Antrag der verklagten Reichsbehörde die erforderlichen Sicherheitsmaßregeln behufs des Ersatzes des Defekts herbeizuführen.

Zusatz zum Reg.-Ent. nach den Kommissionsbeschlüssen.

§ 146. Wenn eine nahe und dringende Gefahr vorhanden ist, daß ein Beamter, gegen welchen die Zwangsvollstreckung zulässig ist (§ 141), sich auf flüchtigen Fuß setzen oder sein Vermögen der Verwendung zum Ersatz des Defekts entziehen werde, so kann die unmittelbar vorgesetzte Behörde, auch wenn sie nicht die Eigenschaft einer höheren Reichsbehörde hat,[1]) oder der unmittelbar vorgesetzte Beamte das abzugsfähige Gehalt (§ 19 Nr. 1)[2]) und nöthigenfalls das übrige bewegliche Vermögen des im Eingange bezeichneten Beamten vorläufig in Beschlag nehmen.

Der vorgesetzten höheren Reichsbehörde ist ungesäumt Anzeige davon zu machen und deren Genehmigung einzuholen.

1) Vgl. § 139. — 2) Das Allegat „§ 19 Nr. 1" entspricht noch der ursprünglichen, aber verworfenen Fassung des Reg.-Ent. Vgl. Anm. zu § 19.

§ 147. Ist von den vorgesetzten Behörden oder Beamten gemäß § 146 eine Beschlagnahme erfolgt, so hat das Gericht, in dessen Bezirk die Beschlagnahme stattgefunden hat, auf Antrag des von derselben betroffenen Beamten anzuordnen, daß binnen einer zu bestimmenden Frist der in den §§ 137 und 140 vorgesehene Beschluß beizubringen sei.

Wird dieser Anordnung nicht Folge geleistet, so ist auf weiteren Antrag des Beamten die Beschlagnahme sofort aufzuheben; andernfalls kommen die Bestimmungen des § 144 zur Anwendung.

Zusatz zum Reg.-Ent. nach den Kommissionsbeschlüssen.

§ 148. Für das Defektenverfahren im Verwaltungswege werden Gebühren und Stempel nicht berechnet.

Verfolgung vermögensrechtlicher Ansprüche.

§ 149. Ueber vermögensrechtliche Ansprüche der Reichsbeamten aus ihrem Dienstverhältniß, insbesondere über Ansprüche auf Besoldung, Wartegeld oder Pension, sowie über die den Hinterbliebenen[1]) der Reichsbeamten gesetzlich gewährten Rechtsansprüche auf Bewilligungen, findet mit folgenden Maßgaben der Rechtsweg statt.

1) Vgl. §§ 7, 31.

§ 150. Die Entscheidung der obersten Reichsbehörde muß der Klage vorhergehen und letztere sodann bei Verlust des Klagerechts innerhalb sechs Monaten, nachdem dem Betheiligten die Entscheidung jener Behörde bekannt gemacht worden, angebracht werden.

§ 151. Der Reichsfiskus wird durch die höhere Reichsbehörde, unter welcher der Reichsbeamte steht oder gestanden hat, oder falls er direkt unter der obersten Reichsbehörde steht oder gestanden hat, durch die oberste Reichsbehörde vertreten.

Die Klage ist bei demjenigen Gerichte anzubringen, in dessen Bezirke die betreffende Behörde ihren Sitz hat.

§ 152. Gegen das Urtheil erster Instanz steht den Parteien dasjenige Rechtsmittel zu, welches bei Beschwerdegegenständen vom höchsten Werth stattfindet. Auch die Anfechtung der Urtheile zweiter Instanz ist ohne Rücksicht auf die Beschwerdesumme statthaft. Die Beschwerdesumme, ingleichen die Uebereinstimmung der Urtheile erster und zweiter Instanz kommt nur insoweit in Betracht, als davon die Entscheidung der Frage abhängt, welches von mehreren nach den Landesgesetzen etwa zulässigen Rechtsmitteln stattfindet.

Das Reichs-Oberhandelsgericht entscheidet an Stelle des für das Gebiet, in welchem die Sache in erster Instanz anhängig geworden ist, nach den Landesgesetzen bestehenden obersten Gerichtshofes und zwar in letzter Instanz. Soweit nicht Absatz 1 des gegenwärtigen Paragraphen abweichende Vorschriften enthält, werden die Bestimmungen des Gesetzes, betreffend die Errichtung eines obersten Gerichtshofes für Handelssachen vom 12. Juni 1869, sowie die Ergänzungen desselben auf die im § 149 bezeichneten bürgerlichen Rechtsstreitigkeiten ausgedehnt.

Vgl. § 155.

§ 153. Auf die im § 144 erwähnten Rechtsstreitigkeiten finden die Bestimmungen der §§ 151 und 152 mit der Maßgabe Anwendung, daß der Reichsfiskus durch die höhere Reichsbehörde vertreten wird, welche den Defektbeschluß abgefaßt oder für vollstreckbar erklärt hat (§ 139 Absatz 2). Ist die Abfassung durch die oberste Reichsbehörde geschehen, so übernimmt diese die Vertretung des Reichsfiskus.

§ 154. In Rechtsstreitigkeiten über Vermögensansprüche gegen Reichsbeamte wegen Ueberschreitung ihrer amtlichen Befugnisse oder pflichtwidriger Unterlassung von Amtshandlungen ist sowohl dasjenige Gericht zuständig, in dessen Bezirk der Beamte zur Zeit der Verletzung seiner

Amtspflicht seinen Wohnsitz hatte, als dasjenige, in dessen Bezirk derselbe zur Zeit der Erhebung der Klage seinen Wohnsitz hat.

Die Zulässigkeit der Rechtsmittel, die Zuständigkeit des Reichs-Oberhandelsgerichts und das Verfahren vor demselben richten sich nach den im § 152 gegebenen Vorschriften.

§ 155. Die Entscheidungen der Disziplinar- und Verwaltungsbehörden darüber, ob und von welchem Zeitpunkte ab ein Reichsbeamter aus seinem Amte zu entfernen, einstweilig oder definitiv in den Ruhestand zu versetzen, oder vorläufig seines Dienstes zu entheben sei, und über die Verhängung von Ordnungsstrafen sind für die Beurtheilung der vor dem Gerichte geltend gemachten vermögensrechtlichen Ansprüche maßgebend.

Schlußbestimmungen.

§ 156. Die Reichstagsbeamten haben die Rechte und Pflichten der Reichsbeamten.

Die Anstellung der Reichstagsbeamten erfolgt durch den Reichstags-Präsidenten, welcher die vorgesetzte Behörde derselben bildet.

Der § ist eine Einschaltung nach den Kommissionsbeschlüssen. Vgl. St.B. S. 721.

§ 157. Auf Personen des Soldatenstandes findet dieses Gesetz nur in den §§ 134—148 Anwendung.

Vgl. § 145 M.St.G.B.

Auf die zum Zeug- und Festungspersonal gehörigen Personen des Soldatenstandes und die Registratoren bei den Generalkommandos findet auch § 41 des Gesetzes Anwendung im Falle des § 91 des R.Ges. v. 27. Juni 1871. (R.G.Bl. S. 39.) S. in der Anlage die Zusammenstellung unter IV. 3.

§ 158. Die Bestimmungen dieses Gesetzes über die Versetzung in ein anderes Amt, über die einstweilige und über die zwangsweise Versetzung in den Ruhestand, über Disziplinarbestrafung und über vorläufige Dienstenthebung finden auf die Mitglieder des Reichs-Oberhandelsgerichts, auf die Mitglieder des Bundesamts für das Heimathwesen, auf die Mitglieder des Rechnungshofes des Deutschen Reichs und auf richterliche Militair-Justizbeamte keine Anwendung.

Außerdem haben für die Mitglieder des Reichs-Oberhandelsgerichts die Vorschriften dieses Gesetzes über die Pensionirung und über den Verlust der Pension keine Geltung.

Wegen der Rechtsverhältnisse der hier genannten Beamten vgl. die angehängte Zusammenstellung.

§ 159. Die Ausführung dieses Gesetzes regelt eine vom Kaiser zu erlassende Verordnung, durch welche namentlich diejenigen Behörden näher zu bezeichnen sind, welche unter den in diesem Gesetze erwähnten Reichsbehörden verstanden sein sollen.

Diese Verordnung ist noch nicht erlassen.

Urkundlich unter Unserer Höchsteigenhändigen Unterschrift und beigedrucktem Kaiserlichen Insiegel.

Gegeben Berlin, den 31. März 1873.

(L. S.) Wilhelm.

Fürst v. Bismarck.

Anlage zu § 2.
R.Beamt.G.

Uebersicht
der auf Widerruf oder Kündigung anzustellenden Reichsbeamten.

(Nach der amtlichen Zusammenstellung des Reichskanzleramts. D.S. 144.)

I. Auswärtiges Amt.

1. Die unentgeltlich beschäftigten Attachées bei dem Auswärtigen Amte, den Gesandtschaften und den Konsulaten.
2. Der größte Theil der außeretatsmäßigen Hülfsarbeiter bei dem Auswärtigen Amte, den Gesandtschaften und den Konsulaten.
3. Personen, welche zu wesentlich mechanischen Dienstleistungen auf Widerruf oder Kündigung angenommen werden.

II. Verwaltung des Reichsheeres.

Civillehrer bei den Voranstalten des Kadettenkorps.

Die Lehrerin bei den Garnisonschulen zu Frankfurt a. O., Erfurt, Trier und Hannover.

Die Industrielehrerin bei der Garnisonschule zu Posen.

Die Handarbeitenlehrerin bei dem Soldatenkinderhause zu Stralsund.

Der Hülfslehrer und die Lehrerin bei der Garnisonschule zu Saarlouis.

Die fünfte Lehrerin bei der Garnisonarbeitsschule in Potsdam.

Die Inspektoren, Roßärzte, Rechnungsführer bei den Remontedepots — vor zurückgelegter 20 jähriger Dienstzeit.

Die Kanzleidiätarien beim Kriegsministerium.

Die Hülfsarbeiter in dem Büreaus des großen Generalstabes.

Die Hausdiener und Wächter beim Kriegsministerium.

Die Büreaudiener bei den Militär-Intendanturen.

Die Portiers, Hausdiener und Heizer beim großen Generalstabe.

Der Portier und Aufseher und die Hausdiener bei der Central-Turnanstalt.

Die Hausdiener und Portiers bei der Mititär-Roßarztschule und der Militär-Lehrschmiede.

Die Büchsenmacher und Sattler bei den Truppen.

Die Mühlenmeister, Backmeister, Magazin-Ober- und Aufseher, die Maschinisten und Heizer in den Garnison-Mahlmühlen und Bäckereien, die Büreaudiener und Magazinwächter — bei der Militär-Magazin-Verwaltung.

Die Packmeister, etatsmäßigen Magazinarbeiter und Nachtwächter bei den Montirungsdepots.

Die Waschmeister und Maschinenmeister in den Garnison-Waschanstalten, die Holzhofaufseher, der Wallaufseher im Gouvernementsgebäude in Mainz, die Kasernendiener in Baden, die Wärter, Militär-Arrestaufseher, Boten, Ofenheizer, Wächter — bei den Garnison-Verwaltungswesen.

Die Maschinisten, Lazarethaufseher und Wärter, die Hausknechte bei den Lazarethanstalten.

Der Todtengräber beim Invalidenhause in Berlin.

Die Futtermeister bei den Remontedepots.

Die Kanzleiboten bei der General-Inspektion des Militär-Erziehung- und Bildungswesens und bei der Ober-Militär-Examinations-Kommission.

Die Kanzleidiener bei der Kriegs-Akademie, der vereinigten Artillerie- und Ingenieurschule und bei den Kadettenanstalten.

Die Tafeldecker, Portiers, Aufwärter, Haus- und Klassendiener, Nachtwächter, Lazarethwärter und der Kustos bei der Kriegsakademie, der vereinigten Artillerie- und Ingenieurschule und den Kadettenanstalten.

Die Hausmänner und Krankenwärter bei dem Knaben-Erziehungs-Institut zu Annaburg.

Die Hauswärter bei der Garnison-Lehrschule zu Potsdam, der Garnison-Arbeitsschule daselbst und dem Soldatenkinderhause zu Stralsund.

Die Schuldiener bei der Garnisonschule in Erfurt und in Hannover.

Die Portiers, Aufwärter, Heizer und Hausdiener bei dem medizinisch-chirurgischen Friedrich Wilhelms-Institut.

Die Maschinenheizer, Scharwerker, Nachtwächter, Portiers und Hausdiener bei den Gewehr-Fabriken.

Die Portiers, Büreaudiener, Hausdiener und Nachtwächter bei den Artillerie-Werkstätten, der Geschützgießerei und dem Feuerwerks-Laboratorium in Spandau.

Außerdem sind im Feldverhältniß:

die Küster, die Feldbackmeister, die Kassendiener bei den Korps-Kriegskassen, die chirurgischen Instrumentenmacher und Apotheken-Handarbeiter bei den Feldlazarethen, die Schaffner bei den Feldpost-Anstalten, die Vorarbeiter der Feld-Eisenbahn- und Telegraphen-Abtheilungen und die Büchsenmacher und Sattler bei den Truppen als im Kündigungs-Verhältniß stehende Beamte zu betrachten.

III. Marine-Verwaltung.

1. Marine-Intendantur-Referendarien.
2. Marine-Ingineuer-Aspiranten für Schiff- und Maschinenbau.
3. Baumeister,
4. Bauführer,
5. Maschinenmeister,

   } welche nur vorübergehend beschäftigt werden.
6. Kanzlei-Diätarien.
7. Registratur-Applikanten.
8. Sekretariats-Applikanten.
9. Magazin-Hülfsaufseher.
10. Werftschreiber und Werftschreiber-Aspiranten.
11. Werkführer und Unterwerkführer.
12. Steuerleute beim Lootsenwesen und auf dem Feuerschiffe.
13. Schleusenwärter.
14. Dockwärter.
15. See- und Hafenlootsen.
16. Portiers.

17. Büreaudiener.
18. Hausdiener, Kasernen- und Lazarethwärter.

IV. Post-Verwaltung.

1. Vorsteher von Post-Expeditionen (Post-Expediteure).
2. Postagenten.
3. Postamts-Assistenten.
4. Unterbeamte für den Büreau- und Ortsbestellungsdienst bei den Lokal-Postanstalten (Briefträger, Packmeister, Packetbesteller, Büreaudiener, Wagenmeister, Postwagen-Aufseher in Berlin.)
5. Postkondukteure und Postbegleiter.
6. Packetträger bei den Postanstalten auf Eisenbahnhöfen.
7. Landbriefträger.
8. Unterbeamte beim Post-Abrechnungsbüreau mit dem Auslande u. s. w.
9. Unterbeamte bei den Ober-Postdirektionen.
10. Assistenten des Post-Zeitungs-Amts.
11. Unterbeamte des Post-Zeitungs-Amts.

V. Telegraphen-Verwaltung.

1. Telegraphen-Kandidaten.
2. Diätarisch beschäftigte Büreau- und Rechnungsbeamte.
3. Hülfsschreiber.
4. Telegraphenboten.
5. Hülfsboten.
6. Kanzleidiener bei den Telegraphen-Direktionen.
7. Leitungs-Aufseher.
8. Werkführer-Gehülfen.
9. Hausdiener, Heizer.

VI. Verwaltung der Reichs-Eisenbahnen in Elsaß-Lothringen.

1. Billetdrucker.
2. Magazin-Aufseher.
3. Lademeister.
4. Bodenmeister.
5. Wägemeister.
6. Wagenmeister.
7. Kassendiener.
8. Büreaudiener.
9. Perrondiener.
10. Portiers.
11. Weichensteller.
12. Brückenwärter.
13. Schaffner.
14. Bremser.
15. Schmierer.
16. Bahnwärter.
17. Heizer.

Anlage zu §§ 19, 158 des R.Beamt.Ges.

Zusammenstellung

einiger Vorschriften über die besonderen Rechtsverhältnisse einzelner Beamtenklassen.

Es enthalten besondere Bestimmungen für:

I. die Mitglieder des Reichsoberhandelsgerichts:

(über die Sachwalter bei diesem Gerichtshofe s. u. Nr. VI.)

a) Gesetz, betreffend die Errichtung eines obersten Gerichtshofes für Handelssachen vom 12. Juni 1869. (B.G.Bl. S. 201.)

§ 23. Die Mitglieder des Bundes-Oberhandelsgerichts werden auf Lebenszeit angestellt.

Ein Mitglied des Bundes-Oberhandelsgerichts wird seines Amtes und des damit verbundenen Gehaltes verlustig: wenn dasselbe in dem Strafverfahren durch Erkenntniß des zuständigen Gerichts eines Bundesstaates zum Amtsverluste, zu einer entehrenden Strafe, zu einer nicht entehrenden Freiheitsstrafe von längerer als einjähriger Dauer, oder wegen eines entehrenden Verbrechens oder Vergehens zu einer Strafe rechtskräftig verurtheilt worden ist.

Entsteht Zweifel darüber, ob einer der vorstehend bezeichneten Fälle vorliege, so wird hierüber im Plenum des Bundes-Oberhandelsgerichts entschieden.

§ 24. Ist gegen ein Mitglied des Bundes-Oberhandelsgerichts eine Untersuchung (§ 23.) eingeleitet worden, so kann das Bundes-Oberhandelsgericht mittelst Plenarbeschlusses die Suspension des Angeschuldigten von seinem Amte für die Dauer der Untersuchung aussprechen.

Die Suspension tritt von Rechtswegen ein, wenn gegen den Angeschuldigten die Untersuchungshaft verhängt wird.

Durch die Suspension wird das Recht auf den Genuß des vollen Gehalts während der Dauer der Suspension nicht berührt.

§ 25. Wenn eiu Mitglied des Bundes-Oberhandelsgerichts durch ein körperliches Gebrechen oder durch Schwäche seiner körperlichen oder geistigen Kräfte zur Erfüllung seiner Amtspflichten dauernd unfähig wird, so tritt seine Versetzung in den Ruhestand gegen Gewährung einer Pension ein.

Die jährliche Pension beträgt bis zur Vollendung des zehnten Dienstjahres $^{20}/_{60}$ des Gehalts; sie erhöht sich mit der Vollendung eines jeden folgenden Dienstjahres und bis zur Vollendung des fünfzigsten Dienstjahres um je 1/80 des Gehalts.

Bei Berechnung der Dienstzeit wird die Zeit mitgerechnet, während welcher das Mitglied sich im Dienste des Norddeutschen Bundes oder im Staats- oder Kommunaldienste eines Bundesstaates befunden oder in einem Bundesstaate als Anwalt, Advokat, Notar, Patrimonialrichter oder als öffentlicher Lehrer des Rechts an einer deutschen Universität fungirt hat.

Liegen die Voraussetzungen der Versetzung eines Mitgliedes in den Ruhestand vor, ohne daß dasselbe ein hierauf gerichtetes Gesuch einreicht, so kann die Versetzung dieses Mitgliedes in den Ruhestand durch Plenarbeschluß des Bundes-Oberhandelsgerichts ausgesprochen werden.

Das Verfahren bestimmt sich nach den Vorschriften der §§ 56.—63. Königl. Preuß. Gesetzes, betr. die Dienstvergehen der Richter und die unfreiwillige Versetzung derselben auf eine andere Stelle oder in den Ruhestand vom 7. Mai 1851. (S. u.) Die Verrichtungeu des Staatsanwalts und des Untersuchungsrichters werden von je einem Mitgliede des Bundes-Oberhandelsgerichts, welches der Präsident ernennt, wahrgenommen.

§ 26. Die in den §§ 23.—25. bezeichneten Entscheidungen und Beschlüsse des Bundes-Oberhandelsgerichts können mit einem Rechtsmittel nicht angefochten werden.

b) Preuß. Gesetz, betreffend die Dienstvergehen der Richter 2c. vom 7. Mai 1851. (Gesetzs. S. 218.)
(vorstehend § 25. in Bezug genommen)

§ 56. Ein Richter, welcher durch Blindheit, Taubheit oder ein sonstiges körperliches Gebrechen, oder wegen

Schwäche seiner körperlichen oder geistigen Kräfte zu der Erfüllung seiner Amtspflichten dauernd unfähig ist, muß in den Ruhestand versetzt werden.

§ 57. Sucht der Richter in einem solchen Falle seine Versetzung in den Ruhestand nicht nach, so findet das in den nachstehenden Paragraphen vorgeschriebene Verfahren statt.

§ 58. Der Richter oder sein nöthigenfalls hierzu besonders zu bestellender Kurator wird von dem Vorsitzenden des Gerichts, dessen Mitglied er ist, schriftlich unter Angabe der Gründe darauf aufmerksam gemacht, daß der Fall der Versetzung in den Ruhestand vorliege.

In Ansehung der Einzelrichter hat den Beruf hierzu der Präsident oder Direktor desjenigen Gerichts erster Instanz, in dessen Gerichtssprengel der Einzelrichter angestellt ist; in Ansehung der Präsidenten oder Direktoren der Gerichte erster Instanz der Erste Präsident des Appellationsgerichts; in Ansehung der Ersten Präsidenten der Appellationsgerichte der Erste Präsident des obersten Gerichtshofes.

§ 59. Die in dem vorhergehenden Paragraphen vorgeschriebene Eröffnung geschieht durch den zuständigen Vorsitzenden von Amtswegen oder auf Antrag der Staatsanwaltschaft.

Wird sie nicht vorgenommen, so beschließt das unmittelbar höhere Gericht, oder wenn es sich um den Ersten Präsidenten eines Appellationsgerichts oder ein Mitglied eines obersten Gerichtshofes handelt, dieser Gerichtshof in einer Plenarversammlung, von Amtswegen oder auf den Antrag der Staatsanwaltschaft, daß sie stattfinden solle, und in diesem Falle muß sie von dem Ersten Präsidenten des beschließenden Gerichts vorgenommen werden.

Dem Ersten Präsidenten eines obersten Gerichtshofes kann die Eröffnung nur auf Grund eines Beschlusses dieses Gerichtshofes gemacht werden, welcher alsdann von dem gesetzlichen Stellvertreter des Ersten Präsidenten vollzogen wird.

§ 60. Wenn der Richter oder dessen Kurator nicht innerhalb sechs Wochen von dem Tage der ihm in Gemäßheit der §§ 58. oder 59. gemachten Eröffnung seine Versetzung in den Ruhestand freiwillig nachsucht, so muß, wenn es sich um ein Mitglied eines obersten Gerichtshofes oder um den Ersten Präsidenten eines Appellationsgerichts handelt, oder wenn in Gemäßheit des § 59. ein Beschluß des obersten Gerichtshofes ergangen ist, dieser Gerichtshof, in allen übrigen Fällen das Appellationsgericht, nachdem ihm die etwaige Gegenerklärung des betreffenden Richters vorgelegt worden ist, in einer Plenarversammlung darüber Beschluß fassen, ob dem Verfahren Fortgang zu geben sei oder nicht.

§ 61. Beschließt das Gericht die Fortsetzung des Verfahrens, so ernennt dessen Erster Präsident einen Richter-Kommissar. Dieser hat die Thatsachen, durch welche die Versetzung in den Ruhestand begründet werden soll, zu erörtern, die erforderlichen Zeugen und Sachverständigen eidlich zu vernehmen, und zum Schlusse den Richter oder dessen Kurator mit seiner Erklärung über das Ergebniß der Erörterung zu hören.

§ 62. Die geschlossenen Akten werden dem Gerichte vorgelegt, welches in seiner Plenarversammlung nach Anhörung der Staatsanwaltschaft darüber Beschluß faßt, ob der Fall der Versetzung in den Ruhestand vorliege. Das

Gericht kann vor Abfassung dieses Beschlusses die Vorladung der Zeugen und der Sachverständigen zum Zwecke ihrer mündlichen Vernehmung in der Sitzung verordnen. Dem Gericht steht es jederzeit zu, das Erscheinen des betheiligten Richters unter der Warnung zu verordnen, daß bei seinem Ausbleiben ein Anwalt zu seiner Vertretung nicht zugelassen wird.

§ 63. Der Beschluß ist einem Rechtsmittel nicht unterworfen. Er wird dem Justizminister übersandt, welcher, wenn derselbe dahin lautet, daß der Fall der Versetzung in den Ruhestand vorliege, das Weitere zu veranlassen hat.

II. die Mitglieder des Bundesamtes für das Heimathswesen:

Gesetz über den Unterstützungswohnsitz vom 6. Juni 1870. (B.G.Bl. Seite 300):

§ 42. Das Bundesamt für das Heimathswesen ist eine ständige und kollegiale Behörde, welche ihren Sitz in Berlin hat.

Es besteht aus einem Vorsitzenden und mindestens vier Mitgliedern. Der Vorsitzende, sowie die letzteren werden auf Vorschlag des Bundesrathes vom Bundespräsidium auf Lebenszeit ernannt. Der Vorsitzende sowohl, als auch mindestens die Hälfte der Mitglieder muß die Qualifikation zum höheren Richteramte im Staate ihrer Angehörigkeit besitzen.

§ 43. Bezüglich der Rechtsverhältnisse der Mitglieder des Bundesamtes gelten bis zum Erlaß besonderer bundesgesetzlicher Vorschriften die Bestimmungen der §§ 23.—26. des Gesetzes, betreffend die Errichtung eines obersten Gerichtshofes für Handelssachen, vom 12. Juni 1869 (s. o.) mit der Maaßgabe, daß

1) an Stelle des Plenum des Oberhandelsgerichts das Plenum des Bundesamtes tritt, und daß im Falle des § 25. a. a. O. die Verrichtungen des Staatsanwalts und des Untersuchungsrichters von je einem Mitgliede des Königlich Preußischen Kammergerichts zu Berlin, welches der Bundeskanzler ernennt, wahrgenommen werden,
2) bezüglich der Höhe der Pensionen die Vorschriften*) in Anwendung kommen, welche darüber in demjenigen Bundesstaate gelten, aus dessen Dienste das Mitglied des Bundesamtes berufen ist.

*) jetzt die Vorschriften des Reichsbeamtengesetzes vom 31. März 1873.

III. „Rechnungshof des Deutschen Reichs"

ist bis jetzt nach dem Ges., betreffend die Kontrole des Reichshaushalts für das Jahr 1871, vom 28. October 1871 (R.G.Bl. S. 344) nur die Benennung, unter welcher die Preuß. Ober-Rechnungskammer die Kontrole des gesammten Reichshaushalts nach Maaßgabe des Gesetzes v. 4. Juli 1868 (B.G.Bl. S. 433) geführt hat. Bereits durch dieses letztere Gesetz war diese Behörde um einige Mitglieder verstärkt worden. Ein vom Reichstage nach dritter Berathung am 8. Juni 1872 angenommener Entwurf eines Gesetzes, betreffend die Einrichtung und die Befugnisse des Rechnungshofes ist noch nicht publicirt. Die sog. Mitglieder dieses Rechnungshofes sind also gegenwärtig noch Mitglieder der Preuß. Ober-Rechnungskammer.

IV. Die Militärbeamten,

deren Klassifikation aus der Beilage (S. 118 ff.) ersichtlich ist, betrifft:

a) Disziplinar-Strafordnung für das Heer. Vom 31. October 1872.

(Armee-Verordnungsblatt 1872. No. 26. S. 331.)

Vierter Abschnitt.

Von der Disciplinarbestrafung der Militärbeamten.

§ 32. Die Militärbefehlshaber sind berechtigt, über Militärbeamte als Disziplinarstrafen Warnungen und einfache Verweise, sowie

1) über untere Militärbeamte die gegen Unteroffiziere, welche das Portepee tragen, zulässigen Arreststrafen,
2) über obere Militärbeamte a) Geldbuße bis zu 10 Thlr., b) Stubenarrest bis zu 14 Tagen

zu verhängen.

Der Stubenarrest darf jedoch über diejenigen oberen Militärbeamten, welche sowohl unter einem Militärbefehlshaber, als auch unter einem Verwaltungsvorgesetzten (oder einer Verwaltungsbehörde) stehen, nur in der Zeit verhängt werden, während welcher sie unter den Kriegsgesetzen stehen. (§ 9 M.St.G.B. v. 20. Juni 1872.)

§ 33. Die Militärbefehlshaber üben die Disziplinargewalt über die Militärbeamten nach Maßgabe des Militärranges der Letzteren innerhalb derselben Grenzen aus, innerhalb deren sie zur Verhängung von Disziplinarstrafen gegen Personen des Soldatenstandes zuständig sind.

Zur Verhängung von Geldbußen sind nur diejenigen Militärbefehlshaber befugt, welche Offiziere mit Stubenarrest, unter Bestimmung der Dauer desselben, bestrafen dürfen. Die kommandirenden Generale dürfen Geldbuße bis zum höchsten zulässigen Betrage, die übrigen Befehlshaber nur bis zum Betrage von drei Thalern verhängen.

§ 34. Militärbeamte, welche sowohl unter einem Militärbefehlshaber, als auch unter einem Verwaltungsvorgesetzten (oder einer Verwaltungsbehörde) stehen, sind bei Verletzung der Dienstvorschriften, welche die Grundlage ihrer Amtswirksamkeit bilden, ausschließlich der Disziplinarbestrafung des Verwaltungsvorgesetzten (oder der Verwaltungsbehörde) unterworfen.

Alle andern zur Disziplinarbestrafung geeigneten Handlungen solcher Militärbeamten gehören zur Zuständigkeit des ihnen vorgesetzten Militärbefehlshabers. Hierdurch wird jedoch die Mitaufsicht der Verwaltungsvorgesetzten (oder der Verwaltungsbehörden) über die sittliche Führung des Beamten und die Befugniß, auch ihrerseits dieserhalb, wo nöthig, im Disziplinarwege einzuschreiten, nicht ausgeschlossen.

Wo die Grenzen dieser beiden Unterordnungsverhältnisse zweifelhaft sein sollten, müssen bei Ausübung der Disziplinarstrafgewalt die für die betreffenden Militärbeamten ertheilten besonderen Dienstvorschriften und Instruktionen berücksichtigt werden.

§ 35. Die Disziplinarstrafgewalt der Verwaltungsvorgesetzten (oder der Verwaltungsbehörden) über die im doppelten Unterordnungsverhältniße stehenden Militärbeamten regelt sich nach besonderen Bestimmungen.

(Diese besonderen Bestimmungen giebt, soweit nicht Spezial-Erlasse noch etwas Abweichendes anordnen (vergl. § 37), das Reichsbeamtengesetz in §§ 80—83.)

§ 36. Auf die zum Beurlaubtenstande gehörigen Militärbeamten kommen die (für die Soldaten des Beurlaubtenstandes geltenden) Bestimmungen nach Maßgabe ihres Militärranges zur Anwendung.

§ 37. Die Befugniß der Mitglieder des Sanitätskorps im Offizierrange zur Verhängung von Disziplinarstrafen über die zu ihrem Dienstbereiche gehörenden Militärbeamten regelt sich nach den besonderen Vorschriften[1]) und Erlassen.

1) Vgl. Verord. v. 6. Febr. 1873. S. u. unter No. 2.

b) Disziplinar-Strafordnung für die Kaiserliche Marine. Vom 23. November 1872.

(Marine-Verordnungsblatt 1872. No. 22. S. 240.)

Erster Theil. Die Disziplinarbestrafung am Lande.

Vierter Abschnitt.

Von der Disziplinarbestrafung des Militärbeamten.

§§ 32 — 37.

(Wörtlich gleichlautend mit der vorstehend abgedruckten §§ 32—37. der Disziplinar-Strafordnung für das Heer).

Zweiter Theil. Die Disziplinarbestrafung am Bord im Dienst gestellter Schiffe und Fahrzeuge.

Dritter Abschnitt.

Von der Disziplinarbestrafung der Militärbeamten.

§ 16. Gegen Militärbeamte, die an Bord in Dienst gestellter Schiffe oder Fahrzeuge kommandirt sind, übt der

Kommandant die Disziplinarstrafgewalt nach Maßgabe ihres Ranges innerhalb derselben Grenzen aus, wie gegen die ihm untergebenen Personen des Soldatenstandes.

§ 17. Alle mit Disziplinarstrafgewalt versehenen Befehlshaber der Marine dürfen im Disziplinarwege

1) gegen untere Militärbeamte die gegen Deckoffiziere

2) gegen obere Militärbeamte die gegen Offiziere

zulässigen Strafen verhängen.

§ 18. Die Militär- und Verwaltungsvorgesetzten haben von der gegen einen, ihnen beiden untergebenen Militärbeamten verhängten Disziplinarstrafe, insofern dieselbe nicht blos in einem Verweise besteht, sich gegenseitig Mittheilung zu machen.

c) Gesetz, betreffend die Pensionirung und Versorgung der Militärpersonen rc. v. 27. Juni 1871.

(R.G.Bl. S. 275.)

§ 56. Auf die **oberen Militärbeamten** des Reichsheeres und der Kaiserlichen Marine werden die §§ 12—19, § 47 lit a — c, 50 — 52; auf die Hinterbliebenen derselben die §§ 41 — 45, 52 dieses Gesetzes zur Anwendung gebracht[1]). Der den Wittwen dieser Beamten zu gewährende Betrag (§ 41.) wird nach dem pensionsfähigen Diensteinkommen bemessen, welches von dem Manne bezogen worden ist, je nachdem dasselbe dem pensionsfähigen Diensteinkommen eines Generals, eines Stabsoffiziers oder eines Hauptmanns und Subalternoffiziers am nächsten gestanden hat.

1) neben den §§ 34 ff. des Reichsbeamtengesetzes, nach denen die Ansprüche der Militärbeamten auf die ordentliche Pension, um deren außerordentliche Er-

höhung im besonderen Falle es sich hier nur handelt, und auch die Bewilligungen an die Hinterbliebenen unter gewöhnlichen Verhältnissen bestimmt werden. Bis zum Erlaß des Reichsbeamtengesetzes wurde in Preußen diese ordentliche Pension der Militärbeamten nach dem Reglement vom 13. Juni 1825 gewährt.

Die vorstehend (§ 56) allegirten Bestimmungen lauten:

A. Im Reichsheere.

Ansprüche auf Pensionserhöhungen und Betrag derselben.

§ 12. Jeder Offizier oder im Offizierrange stehende Militärarzt, welcher nachweislich durch den Krieg[1]) invalide und zur Fortsetzung des aktiven Militärdienstes unfähig geworden ist, erhält eine Erhöhung der Pension:

a) wenn dieselbe 550 Thlr. und weniger beträgt, um 250 Thlr. jährlich,
b) wenn dieselbe zwischen 550 und 600 Thlrn. beträgt, auf 800 Thlr. jährlich,
c) wenn dieselbe zwischen 600 und 800 Thlrn. beträgt, um 200 Thlr. jährlich,
d) wenn dieselbe zwischen 800 und 900 Thlrn. beträgt, auf 1000 Thlrn. jährlich,
e) wenn dieselbe 900 Thlr. und mehr beträgt, um 100 Thlr. jährlich.

1) Vgl. unten § 17.

§ 13. Jeder Offizier oder im Offizierrange stehende Militärarzt, welcher nachweislich durch den aktiven Militärdienst, verstümmelt, erblindet oder in der nachstehend angegebenen Weise schwer und unheilbar beschädigt worden ist, erhält neben der Pension und eintretenden Falls neben der nach § 12 bestimmten Pensionserhöhung eine fernere Erhöhung der Pension um je 200 Thlr. jährlich:

a) bei dem Verluste einer Hand, eines Fußes, eines Auges bei nicht völliger Gebrauchsfähigkeit des andern Auges.

Die Erblindung eines Auges wird dem Verluste desselben gleich geachtet;

b) bei dem Verluste der Sprache;

c) bei Störung der aktiven Bewegungsfähigkeit einer Hand oder eines Armes, sowie eines Fußes in dem Grade, daß sie dem Verluste des Gliedes gleich zu erachten ist.

Die Bewilligung dieser Erhöhung ist ferner zulässig:

d) bei nachgewiesener außergewöhnlicher Pflegebedürftigkeit, die in wichtigen gleich dem Verluste eines Gliedes sich äußernden Funktionsstörungen ihren Grund hat.

Die unter a bis d aufgeführten Pensionserhöhungen dürfen zusammen den Betrag von 400 Thlrn. nur in dem Falle übersteigen, wenn die Invalidität durch Verwundung oder äußerliche Beschädigung herbeigeführt ist.

Die für Erblindung eines oder beider Augen ausgesetzten Pensionserhöhungen von beziehungsweise 200 Thlrn. und 400 Thlrn. jährlich werden jedoch von der vorstehenden Einschränkung nicht betroffen.

Ist die Gebrauchsunfähigkeit der unter c bezeichneten Gliedmaßen oder die unter d erwähnte Pflegebedürftigkeit als vorübergehend anzusehen, so wird die

Pensionserhöhung nur auf die voraussichtliche Dauer des Schwächezustandes angewiesen.

§ 14. Offiziere und im Offizierrange stehende Militärärzte, welche als Invalide aus dem aktiven Dienste mit Pensionen ausgeschieden sind, erlangen, wenn sie zum Militärdienst wieder herangezogen werden, Ansprüche auf die im § 12. bestimmte Pensionserhöhung nur dann, wenn durch eine im Kriege erlittene Verwundung oder Beschädigung eine bleibende Störung ihrer Gesundheit herbeigeführt worden ist.

§ 15. Die in den §§ 12. und 13. aufgeführten Pensionserhöhungen werden auch bewilligt, wenn der Betrag der Pension mit den Erhöhungen den Betrag des pensionsfähigen Diensteinkommens erreicht oder übersteigt.

§ 16. Die Bewilligung der Pensionserhöhungen auf Grund einer im Kriege[1]) erlittenen Verwundung oder Dienstbeschädigung ist nur zulässig, wenn die Pensionirung vor Ablauf von fünf Jahren nach dem Friedensschlusse eintritt.

Im Falle einer im Friedensdienste[2]) entstandenen Invalidität wird die Pensionserhöhung gewährt, wenn die Pensionirung innerhalb fünf Jahren nach der erlittenen Beschädigung erfolgt.

1) § 12. 2) § 13.

§ 17. Die Entscheidung darüber, ob ein Offizier oder im Offizierrange stehender Militärarzt im Sinne dieses Gesetzes den Krieg mitgemacht, beziehungsweise durch den Krieg invalide und zur Fortsetzung des Dienstes unfähig geworden ist (§ 12.), erfolgt durch die oberste Militär-Verwaltungsbehörde des Kontingents.

Vgl. § 45.

Berechnung der Dienstzeit.

§ 18. Die Dienstzeit[1]) wird vom Tage des Eintritts in den Dienst bis zu dem Tage einschließlich, an welchem die Ordre der Verabschiedung oder Dispositionsstellung ergangen ist, gerechnet.

Die Offiziere und im Offizierrange stehenden Militärärzten des Beurlaubtenstandes wird nur diejenige Zeit als Dienstzeit gerechnet, in welcher sie aktiven Militärdienst geleistet haben.

Die Theilnahme an Kontrolversammlungen bleibt außer Ansatz.

1) soweit es sich darum handelt, ob innerhalb derselben ein Anspruch auf Pensionserhöhung erwachsen ist; die Berechnung der Dienstzeit bei Bestimmung der ordentlichen Pension erfolgt nach den allgemeinen Vorschriften des Reichsbeamtengesetzes §§ 45. ff.

§ 19. Bei Berechnung der Dienstzeit kommt auch die Zeit in Anrechnung, während welcher ein Offizier oder im Offizierrange stehender Militärarzt

a) im Militärdienste eines Bundesstaates oder der Regierung eines zu einem Bundesstaate gehörenden Gebietes sich befunden, oder

b) mit Gehalt vorübergehend und die Dauer eines Jahres nicht übersteigend zur Disposition gestanden hat.

Bewilligungen für Hinterbliebene.

§ 41. Den Wittwen von denjenigen Offizieren und im Offizierrange stehenden Militärärzten der Feldarmee[1]), welche

a) im Kriege geblieben oder an den erlittenen Verwundungen während des Krieges oder später gestorben sind,

b) im Laufe des Krieges erkrankt oder beschädigt und infolge dessen vor Ablauf eines Jahres nach dem Friedensschluß verstorben sind,

werden besondere Beihilfen, solange sie im Wittwenstande bleiben, und im Falle der Wiederverheirathung noch für ein Jahr, gewährt und zwar:

den Wittwen der Generale im Betrage von	500	Thlrn.,
den Wittwen der Stabsoffiziere .	400	„
den Wittwen der Hauptleute und Subalteroffiziere	300	„

jährlich.

Dieselben Beträge empfangen die Wittwen der Aerzte nach Maßgabe des Militärranges der letzteren.

Die mittelst Charaktererhöhung erworbene Charge wird hierbei der mit einem Patent verliehenen Charge gleich geachtet.

1) Feldarmee: § 45.

§ 42. Für jedes Kind der im § 41. bezeichneten Offiziere und im Offizierrange stehenden Militärärzte wird bis zum vollendeten siebzehnten Lebensjahre eine Erziehungsbeihilfe von 50 Thlrn., und wenn das Kind auch mutterlos ist oder wird, von 75 Thlrn. jährlich gewährt.

Eine Beihilfe von je 50 Thlrn. jährlich erhält der hinterbliebene Vater und die hinterbliebene Mutter oder Großmutter, sofern der Verstorbene der einzige Ernährer derselben war und solange die Hilfsbedürftigkeit derselben dauert.

§ 43. Die Zahlung der in §§ 41 und 42 bezeichneten Beihilfen erfogt monatlich im Voraus.

Die Beihilfen werden vom Ersten desjenigen Monats an gewährt, welcher auf den den Anspruch begründenden Todestag folgt.

§ 44. Die §§ 41 bis 43 finden auf die Angehörigen der nach eiuem Feldzuge Vermißten gleichmäßige Anwendung, wenn nach dem Ermessen der obersten Militär-Verwaltungsbehörde des Kontingents das Ableben mit hoher Wahrscheinlichkeit anzunehmen ist.

§ 45. Die nach § 41 erforderliche Zugehörigkeit zur Feldarmee[1]) wohnt allen zur unmittelbaren Aktion gegen den Feind bestimmten Truppen, sowie den zu denselben gehörigen Commandobehörden, Stäben, Trains und Administrationen bei.

Bei allen andern Truppen und Militärbehörden sind der Kategorie des § 41 gleich zu achten:

diejenigen während des mobilen Verhältnisses, beziehungsweise während der Kriegsformation im Dienste befindlich gewesenen Offiziere und im Offizierrange stehenden Militärärzte, denen infolge der eingetretenen kriegerischen Verhältnisse außerordentliche Anstrengungen und Entbehrungen auferlegt oder welche dem Leben und der Gesundheit gefährlichen Einflüssen ausgesetzt werden mußten.

Die Entscheidung[2]), ob das Eine oder Andere der Fall gewesen erfolgt durch die oberste Militär-Verwaltungsbehörde des Kontingents.

Für die Begrezung des Anspruchs gilt auch hier[3]), daß der Tod von Ablauf eines Jahres nach dem Friedensschlusse eingetreten ist.

1 und 2) Vgl. § 17. 3) Vgl. § 41,b.

Uebergangsbestimmungen.

§ 47. Das gegenwärtige Gesetz hat rückwirkende Kraft in Bezug:

a) auf alle Pensionsgewährungen und Unterstützungen, welche seit dem 1. August 1870 den Theilnehmern an dem Feldzuge gegen Frankreich, beziehungsweise ihren Hinterbliebenen zuerkannt sind;

b) auf diejenigen Wittwen und Kinder verstorbener, am Kriege 1870/71 betheiligt gewesener Offiziere und im Offizierrange stehender Militärärzte, welchen die nach dem Preußischen Gesetz vom 16. Oktober 1866 (Pr. G.S. S. 647.) zu gewährenden Beihilfen bisher versagt werden mußten, weil der Nachweis des Bedürfnisses nicht geführt werden konnte;

c) auf die im § 14. bezeichneten während des Feldzuges von 1870/71 zum Militärdienst herangezogenen Pensionsempfänger, indem diesen der Anspruch auf die Pensionserhöhung (§ 12.) nach den näheren Bestimmungen des § 14.[1]) gewährt wird.

1) nicht also auch der auf Erhöhung der früher festgesetzten ordentlichen Pension blos wegen der durch die Heranziehung zum Kriegsdienst verlängerten Dienstzeit, welchen § 58. des Reichsbeamt.-Gesetzes bei rückwirkender Kraft gewähren würde.

B. In der Kaiserlichen Marine.

§ 50. Der Schiffsbesatzung eines zur Kaiserlichen Marine gehörigen Schiffes wird, auch während des Friedens, die auf einer ostasiatischen Expedition*) zugebrachte Dienstzeit, vom Tage des Abganges aus dem Ausrüstungshafen bis zum Tage der Rückkehr in die Nordsee, bei der Pensionirung doppelt in Anrechnung gebracht.

*) vgl. § 51. des Reichsbeamt.-Ges.

Dasselbe gilt auch für Seereisen, beziehentlich Indienststellungen, bei welchen mindestens 13 Monate außerhalb der Ost- und Nordsee zugebracht worden sind.

In den Fällen, wo eine Seereise von kürzerer Dauer nachweislich sich als besonders schädigend und nachtheilig für die Gesundheit der Schiffsbesatzung erwiesen hat, ist es Kaiserlicher Entschließung vorbehalten, dem Vorstehenden entsprechende Bestimmungen zu treffen. Ausgenommen von der für die See-Expeditionen bewilligten Doppelrechnung der Dienstzeit ist die in solche Jahre fallende Zeit, welche bereits als Kriegsjahre*), zu erhöhtem Ansatz kommt.

*) vgl. § 49. ebend.

§ 51. Als Dienstbeschädigung ist außer den, nach § 3*) bei Ausübung des Dienstes unmittelbar eingetretenen Verletzungen und anderweiten nachweislich durch die Eigenthümlichkeit des Militär-, beziehungsweise Marinedienstes hervorgerufenen bleibenden Störungen der Gesundheit auch die, lediglich und nachweislich auf die klimatischen Einflüsse bei Seereisen insbesondere infolge längeren Aufenthalts in den Tropen, zurückzufahrende bleibende Störung der Gesundheit anzusehen, wenn dadurch die Dienstfähigkeit für den Seedienst aufgehoben wird.

*) § 3. Als Dienstbeschädigungen gelten:

a) die bei Ausübung des aktiven Militärdienstes im Kriege oder Frieden erlittene äußere Beschädigung;

b) anderweite nachweisbar durch die Eigenthümlichkeiten des Militärdienstes, sowie durch epidemische oder endemische Krankheiten, welche an dem zum dienstlichen Aufenthalte angewiesenen Orte herrschen, insbesondere durch die kontagiöse Augenkrankheit hervorgerufene bleibende Störung der Gesundheit,

wenn durch sie (a u. b) die Militärdienstfähigkeit sowohl für den Dienst im Felde, als auch in der Garnison aufgehoben wird.

Die Beantwortung der Frage, ob eine Dienstbeschädigung vorhanden, erfolgt durch die oberste Militärverwaltungsbehörde des Kontingents.

§ 52. Die auf Seereisen nachweislich infolge einer militärischen Aktion oder durch außerordentliche klimatische Einflüsse, namentlich bei längerem Aufenthalte in den Tropen, invalide und zur Fortsetzung des Seedienstes, ohne ihr Verschulden unfähig gewordenen Offiziere, Aerzte und Deckoffiziere haben auf die im § 12. festgesetzten Pensionserhöhungen Anspruch.

Den Wittwen der durch Schiffbruch verunglückten, sowie der infolge der oben gedachten Ursachen auf Seereisen oder innerhalb Jahresfrist*) nach Rückkehr des Schiffes in den ersten heimathlichen Hafen verstorbenen Offiziere, Aerzte und Deckoffiziere sind die im § 41., und den Kindern, Eltern oder Großeltern die im § 42. festgesetzten Beihilfen zu gewähren.

*) vgl. § 41. b.

§ 90. Alle übrigen[1]) **unteren Militärbeamten** werden bei eintretender Untauglichkeit zur Fortsetzung des Dienstes nach den für die Reichsbeamten zu erlassenden (jetzt erlassenen) gesetzlichen Bestimmungen[2]) behandelt. Jedoch finden auch auf sie die Bestimmungen der §§ 71. u. 72. Anwendung, wenn sie nachweislich durch den Krieg ganzinvalide[3]) geworden oder durch Dienstbeschädigung verstümmelt[4]) sind.

1) Die Ausnahmen s. u. No. 3.

2) §§ 34. ff. des Reichs-Beamt.-Gesetzes.

3) § 61. des Militärpensionsgesetzes: Die Invaliden sind entweder: Halbinvalide, d. h. solche, welche zum Feld-, beziehentlich Seedienst untauglich, aber zum Garnisondienst noch fähig sind, oder Ganzinvalide, welche zu keinerlei Militärdienst mehr tauglich sind.

4) Besteht die Dienstbeschädigung nicht in einer Verstümmelung, so kommen, wofern nicht der Fall des § 72 cit. d (s. u.) vorliegt, die Bestimmungen des §§ 34. ff. des Reichs-Beamt.-Ges. allein zur Anwendung.

§ 71. Unteroffizieren und Soldaten, welche nachweislich durch den Krieg ganz invalide geworden sind, erhalten eine Pensionszulage von 2 Thlr. monatlich neben der Pension.

§ 72. Unteroffiziere und Soldaten, welche nachweislich durch Dienstbeschädigung[1]), sei es im Kriege oder im Frieden, verstümmelt, erblindet oder in der nachstehend angegebenen Weise schwer und unheilbar verwundet worden sind, erhalten neben der Pension und event. neben der Pensionszulage eine Verstümmelungszulage.

Dieselbe beträgt je 6 Thlr. monatlich:

a) bei dem Verluste einer Hand, eines Fußes, eines Auges bei nicht völliger Gebrauchsfähigkeit des andern Auges;

Die Erblindung des Auges wird dem Verluste desselben gleich geachtet.

b) beim Verlust der Sprache;

c) bei Störung der aktiven Bewegungsfähigkeit einer Hand, eines Armes oder eines Fußes in dem Grade, daß sie dem Verluste des Gliedes gleich zu achten ist.

Die Bewilligung dieser Zulage ist ferner zulässig:

d) bei solchen schweren Schäden, an sonstigen wichtigen äußeren oder inneren Körpertheilen, welche in ihren Folgen für die Erwerbsfähigkeit einer Verstümmelung gleich zu achten[2]) sind.

Die unter a bis d aufgeführten Zulagen dürfen den Betrag von 12 Thlr. nur in dem Falle übersteigen, wenn die Invalidität durch Verwundung oder äußere

Dienstbeschädigung (§ 59 a u. b) herbeigeführt ist. Die für Erblindung eines oder beider Augen ausgesetzten Zulagen von 6 Thlr., beziehentlich 12 Thlr. monatlich, werden jedoch von der vorstehenden Einschränkung nicht getroffen.

1) § 59. Als Dienstbeschädigung sind anzusehen:

a) Verwundung vor dem Feinde,

b) sonstige bei Ausübung des aktiven Militärdienstes im Kriege oder Frieden erlittene äußere Beschädigung (äußere Dienstbeschädigung),

c) erhebliche und dauernde Störung der Gesundheit und Erwerbsfähigkeit, welche durch die besonderen Eigenthümlichkeiten des aktiven Militär-, beziehentlich Seedienstes veranlaßt sind (innere Dienstbeschädigung).

Hierzu gehören auch epidemische und endemische Krankheiten, welche an dem den Soldaten zum dienstlichen Aufenthalte angewiesenen Orte herrschen, insbesondere die kontagiöse Augenkrankheit.

2) § 73. Invalide, welche einfach verstümmelt sind, werden als gänzlich erwerbsunfähig, diejenigen, welche mehrfach verstümmelt sind, als solche angesehen, die ohne fremde Wartung und Pflege nicht bestehen können.

§ 92. Nach der Entlassung aus dem Militärdienste können die gemäß der §§ 89 bis[1]) 91 zu behandelnden Militärpersonen nur in Betreff der Zulagen der §§ 71 und 72 einen Anspruch erheben und sind dabei die Bestimmungen des § 82[2]) maßgebend.

1) also auch die gemäß § 90. (s. o.) zu behandelnden, d. h. die unteren Militärbeamten überhaupt; § 89. u. 91. s. u. unter No. 3.

2) § 82. Unteroffiziere und Soldaten, welche aus dem aktiven Militärdienst entlassen sind, ohne als versorgungsberechtigt anerkannt zu sein, und welche späterhin ganzinvalide und theil-

weise erwerbsunfähig werden, können einen Versorgungsanspruch geltend machen:

A. ohne Rücksicht auf die nach der Entlassung verflossene Zeit,

wenn die Invalidität als veranlaßt nachgewiesen wird:

1) durch eine im Kriege erlittene Verwundung oder äußere Dienstbeschädigung (§ 59 a u. b), oder

2) durch eine während des aktiven Militärdienstes a) im Kriege, b) im Frieden überstandene kontagiöse Augenkrankheit;

B. innerhalb dreier Jahre nach dem Friedensschlusse, beziehentlich nach der Rückkehr in den ersten heimathlichen Hafen,

wenn die Invalidität als veranlaßt nachgewiesen wird durch eine im Kriege erlittene innere Dienstbeschädigung oder durch eine auf Seereisen erlittene innere oder äußere Dienstbeschädigung, und

C. innerhalb sechs Monaten nach der Entlassung aus dem aktiven Militärdienste,

wenn die Invalidität nachweislich durch eine während des aktiven Militärdienstes im Frieden erlittene Dienstbeschädigung verursacht ist.

Rücksichtlich einzelner Kategorien der Militärbeamten ist noch zu beachten:

1) Die richterlichen Militärjustizbeamten, über deren Rechtsverhältnisse ein Reichsgesetz noch nicht ergangen ist, unterliegen, soweit das Generalauditoriat zu Berlin ihre vorgesetzte Disziplinarbehörde ist, ebenso wie die Mitglieder des letzteren selbst, rücksichtlich der unfreiwilligen Versetzung auf eine andere Stelle oder in den Ruhestand, sowie rücksichtlich der Suspension und Dienstent-

hebung nach Art. 61 der Reichsverfassung den Vorschriften des Preuß. Gesetzes, betr. die Dienstvergehen der Richter ꝛc. vom 7. Mai 1851. (G.S. S. 218.)

2) Die Militärmedicinalbeamten.

Die Militärärzte des Heeres und der Flotte (die Unter- und einjährig freiwilligen Aerzte, sowie die des Beurlaubtenstandes nicht ausgenommen) bilden mit den Lazarethgehilfen und militärischen Krankenwärtern nach der neuen Organisationsverordnung vom 6. Februar 1873 das „Sanitätskorps" und sind als Mitglieder desselben Personen des Soldatenstandes. (Vgl. M.St.G.B. Einl. § 5. u. Anl. R.G.Bl. S. 204.). Das Reichsbeamtengesetz hat keine Anwendung auf sie und die Feststellung ihrer Invalidität und ihrer Versorgungsansprüche, sowie der Bewilligungen an ihre Hinterbliebenen erfolgt daher jetzt durchweg nach den Bestimmungen des Gesetzes, betr. die Pensionirung und Versorgung der Militärpersonen ꝛc. vom 27. Juni 1871. §§ 2, 48 ff. 58 ff. (R.G.Bl. S. 257.) Trotz des förmlichen Ausscheidens aus der Zahl der Militärbeamten, denen sie früher mit bestimmtem militärischen Range beigezählt wurden, ist ihr dienstliches Verhältniß wegen der Art ihrer Berufspflichten in manchen Punkten dem eines Beamten ähnlich geblieben; namentlich stehen sie in einem doppelten Unterordnungsverhältnisse: einmal zu dem militärischen, dann zu dem ärztlichen Vorgesetzten.

Militärbeamte sind die Pharmazeuten und Lazarethbeamten.

Ueber die Disziplin im Militärsanitätswesen bestimmt die

Verordnung über die Organisation des Sanitätskorps vom 6. Februar 1873.

(Armee-Verordn.-Bl. No. 11. S. 105.)

§ 15. Die Sanitätsoffiziere sind Vorgesetzte der Unteroffiziere und Soldaten, sowie in den Lazarethen Vorgesetzte des pharmazeutischen, des Wärter- und Beamten-Personals.

Sobald ein Unterarzt in unmittelbare dienstliche Beziehung zu den vorgenannten Militärpersonen ꝛc. gesetzt wird, tritt auch er zu denselben in ein Vorgesetzten-Verhältniß.

§ 16. Zur Aufrechterhaltung der Disziplin in ihrem Dienstbereiche wird

1) dem Generalstabsarzt der Armee, 2) den Korps- und Etappen-Generalärzten und dem Subdirektor des medizinisch-chirurgischen Friedrich-Wilhelms-Instituts, 3) den Divisions- und Marine-Stationsärzten, 4) den Chefärzten der Kriegs- und Friedenslazarethe und den Stabsärzten des Sanitäts-Detachements

die Disciplinar-Strafgewalt

ad 1) eines Divisions-, ad 2) eines Regiments-, ad 3) eines nicht selbständigen Bataillonskommandeurs, ad 4 eines nicht detachirten Kompagnie-Chefs

beigelegt.

Für die Ausübung dieser Strafgewalt ist die Disziplinar-Strafordnung für das Heer vom 31. October 1872[1]), resp. für die Marine vom 23. November 1872[2]) und das Gesetz vom 21. Juli 1852[3]) auch in Bezug auf die zu verhängenden Disziplinarstrafen maßgebend.

1) S. o. unter a. 2) S. o. unter b. 3) Das Preuß. Gef vom 21. Juli 1852, betr. die Dienstvergehen der nicht richterlichen Beamten ꝛc. (G.S. S. 465.) erstreckt sich nur auf die Disciplinarbestrafung der Beamten, und würde also auch nur gegen die den Sanitätsoffizieren unterstellten Beamten (Pharmazeuten und Lazarethbeamten) Anwendung finden können. An seine Stelle tritt indessen das Reichsbeamtengesetz vom 31. März 1873, welches jüngeren Datums als die vorliegende Organisationsverordnung

ist und die Bestimmungen des Gesetzes vom 21. Juli 1852, auch die auf Militärbeamten besonders bezüglichen (§§ 120 ff.) aufgenommen hat.

§ 17. Der Disziplinarstrafgewalt der genannten ärztlichen Vorgesetzten innerhalb ihres Dienstbereichs sind unterworfen: die Militärärzte im Offizierrange, die Unterärzte, die einjährig freiwilligen Aerzte, die Eleven der militärärztlichen Bildungsanstalten, die Lazarethgehilfen, die militärischen Krankenwärter, die Pharmazeuten und das Beamtenpersonal der Lazarethe.

§ 18. Sämmtliche Militärärzte sind der Disziplinargewalt ihrer unmittelbaren Militärvorgesetzten in gleichem Maaße unterstellt, wie die Offiziere, resp. Portepeeunteroffiziere.

§ 19. Es fallen zunächst unter die Disziplinarstrafgewalt der ärztlichen Vorgesetzten: alle gegen ihre Autorität begangenen Vergehen, ingleichen die Verstöße gegen Vorschriften, welche für den Dienst der Krankenpflege gegeben sind[1]), wenn sie von einem der im § 17. bezeichneten Untergebenen begangen werden.

Alle anderen Disziplinarvergehen vorerwähnter Personen unterliegen grundsätzlich der Bestrafung durch den Militärvorgesetzten; hiedurch soll jedoch die Aufsicht der ärztlichen Instanzen über die sittliche Führung aller Mitglieder des Sanitätskorps[2]) keineswegs ausgeschlossen, vielmehr ihnen ausdrücklich die Befugniß beigelegt werden, auch in dieser Beziehung event. in Disziplinarwege einzuschreiten.

1) Vgl. § 34. der Disz.-Strafordn. f. d. Heer s. o.

2) und wohl auch über die Beamten des Medizinalwesens. Vgl. § 34. a. a. O.

3) Büchsenmacher, Zeug- und Festungspersonal, Zimmerleute, Lootsen, ꝛc.

Gesetz, betr. die Pensionirung und Versorgung der Militärpersonen ꝛc. vom 27. Juni 1871. (R.G.Bl. S. 275.)

§ 89. Den Regiments-, Bataillons- und Zeughaus-Büchsenmachern wird bei eintretender Unfähigkeit zur Fortsetzung ihres Dienstes nach 10jähriger Dienstzeit eine monatliche Pension von $3^1/_2$ Thlr., nach 20jähriger Dienstzeit eine solche von 7 Thlr. bewilligt.

Neben dieser Pension werden bei Ganzinvalidität, die nachweislich durch den Krieg und bei Verstümmelungen, die durch Dienstbeschädigung verursacht sind, die Zulagen der §§ 71 und 72[1]) gewährt.

1) §§ 71. 72. s. o. unter c.

Auf den Civilversorgungsschein haben Büchsenmacher keinen Anspruch; derselbe darf ihnen jedoch auf ihr Ansuchen für bestimmte Stellen ertheilt werden, wenn dadurch versorgungsberechtigte Unteroffiziere und Soldaten nicht benachtheiligt sind.

§ 91. Die zum Zeug- und Festungs-Personal gehörigen Personen des Soldatenstandes und die Registratoren bei den Generalkommandos[1]) werden nach vollendeter 15jähriger Dienstzeit bei eintretender Invalidität, sofern es für sie günstiger ist, nach den Bestimmungen des § 90 pensionirt unter Belassung des Anspruchs auf den Civilversorgungsschein.

1) welche ebenfalls zu den Personen des Soldatenstandes gehören.

2) d. h. sie werden, obwohl sie Personen des Soldatenstandes sind, ev. den Beamten gleich gestellt. § 90: „Alle übrigen unteren

Militärbeamten (mit Ausnahme der Büchsenmacher § 89) werden — nach den für die Reichsbeamten erlassenen gesetzlichen Bestimmungen behandelt 2c." s. o. unter c.

§ 93. Die ihr Einkommen aus dem Marine-Etat empfangenden Zimmerleute, Lootsen-Aspiranten, Matrosen und Jungen des Lootsen- und Betonnungspersonals der Kaiserlichen Marine erhalten, insoweit ihre Invalidität und Unfähigkeit zur Fortsetzung des Dienstes durch den Krieg eingetreten ist, je nach dem Grade ihrer Erwerbsunfähigkeit die — für Gemeine[1]) aufgeführten Pensionssätze.

Auch finden auf sie ebenso wie auf die ihr Gehalt aus dem Marine-Etat beziehenden Lootsen der Kaiserlichen Marine und auf die sonstigen im Dienste der Kaiserlichen Marine beschäftigten Lootsen im Falle der Verwundung oder Verstümmelung im Kriege oder im Frieden die Bestimmungen der §§ 72. und 73. Anwendung.

1) obwohl sie nicht Personen des Soldatenstandes sind.
2) §§ 72. und 73. s. o. unter c.

4) Die im Bereiche des ehemaligen Norddeutschen Bundes wohnenden aktiven und nicht aktiven Militärbeamten

und deren Hinterbliebene genießen die Wohlthaten der

Verordnung, betr. die Einführung der in Preußen geltenden Vorschriften über die Heranziehung der Militärpersonen zu Kommunalauflagen im ganzen Bundesgebiet. Vom 22. Dezember 1868.

(B.G.Bl. S. 571. Ausgegeb. den 31. Decbr. 1868.)

Wir **Wilhelm** ꝛc. verordnen im Namen des Norddeutschen Bundes, auf Grund des Artikels 61 der Bundesverfassung, was folgt:

Die in Preußen über die Heranziehung der aktiven und nicht aktiven Militärpersonen und der Hinterbliebenen derselben zu den Kommunalauflagen geltenden Vorschriften, wie solche in der beigefügten Verordnung, betreffend die Heranziehung der Staatsdiener zu den Kommunalauflagen in den neu erworbenen Landestheilen, vom 23. September 1867[1]) enthalten sind, werden im ganzen Bundesgebiete, soweit sie in demselben noch nicht Geltung haben, hiermit eingeführt.

Urkundlich ꝛc.

Gegeben Berlin, den 22. Dezember 1868.

1) Diese Verordnung lautet:

Verordnung, betreffend die Heranziehung der Staatsdiener zu den Kommunalauflagen in den neu erworbenen Landestheilen. Vom 23. September 1867.

(Pr. G.S. S. 1648).

Wir **Wilhelm** ꝛc. verordnen für die — 1866 mit Unserer Monarchie vereinigten Landestheile, mit Ausnahme des Gemeindegebietes der Stadt Frankfurt a. M., um die Staatsdiener in diesen Landestheilen bezüglich ihrer Beitragspflicht zu den Kommunalbedürfnissen den Staatsdienern in der übrigen Monarchie nach Maßgabe der Grundsätze des Gesetzes vom 11. Juli 1822 gleichzustellen, — was folgt:

§ 1. Von allen direkten Kommunalauflagen, sowohl der einzelnen bürgerlichen Stadt- und Landgemeinden, als der weiteren kommunalen Körperschaften (Amtsbezirke, Distriktsgemeinden, Armendistrikte, Wegeverbände u. s. w.) und der kreis-, kommunal- und provinzialständischen Verbände, sind vollständig befreit:

1) die servisberechtigten Militärpersonen des aktiven Dienststandes, sowohl hinsichtlich ihres dienstlichen als sonstigen Einkommens; nur zu den auf den Grundbesitz oder das stehende Gewerbe, oder auf das aus diesen Quellen fließende Einkommen gelegten Kommunallasten müssen auch sie beitragen, wenn sie in dem Kommunalbezirk Grundbesitz haben oder ein stehendes Gewerbe betreiben.

   Militärärzte genießen rücksichtlich ihres Einkommens aus einer Civilpraxis die Befreiung nicht;

2) die auf Inaktivitätsgehalt gesetzten oder mit Pension zur Disposition gestellten Offiziere hinsichtlich ihrer Gehalts- und sonstigen dienstlichen Bezüge;

3) die Geistlichen und Elementarlehrer hinsichtlich ihrer Besoldungen und Emolumente, einschließlich der Ruhegehälter, ingleichen die unteren Kirchendiener, wo und soweit den letzteren eine derartige Befreiung seither rechtsgültig zugestanden hat;

4) die verabschiedeten Beamten und nicht zu der Kategorie unter Nr. 2 gehörigen Militärpersonen hinsichts ihrer aus Staatsfonds oder sonstigen öffentlichen Kassen zahlbaren Pensionen und laufenden Unterstützungsbezüge, ebenso die Beamten hinsichts ihrer Wartegelder, sofern der jährliche Betrag solcher Bezüge für einen Empfänger die Summe von 250 Rthlr. nicht erreicht;

5) die hinterbliebenen Wittwen und Waisen der unter 1—4 genannten Personen hinsichts ihrer aus Staatsfonds oder aus einer öffentlichen Versorgungskasse zahlbaren Pensionen und laufenden Unterstützungen;
6) die Sterbe- und Gnadenmonate;
7) alle diejenigen Dienst-Emolumente, welche blos als Ersatz baarer Auslagen zu betrachten sind.

§ 2. Zu den Beamten im Sinne dieser Verordnung gehören alle, in unmittelbaren Diensten des Staats oder der demselben untergeordneten Obrigkeiten, Kollegien, kommunalen und ständischen Korporationen stehende, mit fester Besoldung angestellte, beziehentlich in Ruhestand getretene öffentliche Beamte, einschließlich der Militär- und Hofbeamten; dagegen nicht diejenigen, welche nur als außerordentliche Gehülfen vorübergehend im öffentlichen Dienst beschäftigt werden.

§ 3. Die Beamten (§ 2) können von ihrem Diensteinkommen einschließlich der Warte- und Ruhegehälter, ebenso die Militärpersonen von ihren Pensionen — wenn nicht ein Fall der gänzlichen Befreiung nach § 1 vorliegt — zu direkten Kommunalauflagen (§ 1) nur insoweit herangezogen werden, als diese von allen Pflichtigen nach dem Maßstabe des persönlichen Einkommens erhoben werden.

§ 4. Das Diensteinkommen wird in solchen Fällen nur halb so hoch, als anderes gleich hohes persönliches Einkommen der Steuerpflichtigen veranlagt.

Wenn die Veranlagung nicht unmittelbar den Einkommensbetrag zur Grundlage hat, so ist, unter Genehmigung der Aufsichtsbehörde des besteuernden kommunalen Verbandes, das Einschätzungsverfahren dergestalt besonders zu regeln, daß der vorstehende Grundsatz analog zur Anwendung kommt.

Das Diensteinkommen von zufälligen Emolumenten wird gleich dem festen Gehalte besteuert; zu diesem Behufe wird nöthigenfalls der Betrag derselben in runder Summe durch die vorgesetzte Dienstbehörde festgestellt.

§ 5. An kommunalen Auflagen aller Art (§ 1) dürfen äußersten Falls, im Gesammtbetrage, bei Besoldungen (§ 3) unter 250 Thaler nicht mehr als Ein Prozent, bei Besoldungen von 250 bis 500 Thaler ausschließlich nicht mehr als anderthalb Prozent, und bei höheren Besoldungen nicht mehr als zwei Prozent des gesammten Diensteinkommens jährlich gefordert werden.

Die hiernach etwa nöthige Ermäßigung der nach § 4 berechneten Steuerbeträge trifft, im Fall der Konkurrenz mehrerer kommunaler Verbände, die zuletzt zur Hebung gestellte Forderung, mehrere noch nicht entrichtete Forderungen aber nach Verhältniß ihrer Höhe.

§ 6. Auf Staatssteuern und Staatslasten, welche gemeindeweise abgetragen werden, finden die Bestimmungen dieser Verordnung keine Anwendung.

§ 7. Die gemäß §§ 3—5 den Staatsdienern obliegende Beitragspflicht zu den Kommunalabgaben erstreckt sich auf alle diejenigen Beträge der letzteren, welche innerhalb der Zeit, da der Pflichtige dem betreffenden kommunalen Verbande angehört, auf ihn vertheilt und auch fällig werden, nicht aber auf später fällige.

§ 8. Jeder Beamte ist bezüglich der Kommunalbesteuerung seines Diensteinkommens als Einwohner desjenigen

Gemeindebezirks zu betrachten, in welchem die Behörde, der er angehört, ihren Sitz hat.

§ 9. Von ihrem etwanigen besonderen Vermögen haben auch die nach § 3 begünstigten Staatsdiener, ebenso die Offiziere der unter § 1 Nr. 2 bezeichneten Kategorie, die Geistlichen und Elementarlehrer, ihre Beiträge zu den Kommunallasten gleich anderen Angehörigen der betreffenden Verbände zu entrichten.

§ 10. Durch die nach den vorstehenden Bestimmungen zu bemessenden Geldbeiträge sind die Pflichtigen zugleich von persönlichen Kommunaldiensten frei. Sind sie jedoch Besitzer von Grundstücken oder betreiben sie ein stehendes Gewerbe, so müssen sie die mit diesem Grundbesitz oder Gewerbe verbundenen persönlichen Dienste entweder selbst oder durch Stellvertreter leisten.

Geistliche und Elementarlehrer bleiben von allen persönlichen Gemeindediensten, soweit dieselben nicht auf ihnen gehörigen Grundstücken lasten, befreit; untere Kirchendiener insoweit, als ihnen diese Befreiung seither rechtsgültig zustand.

§ 11. Zu den indirekten Gemeinde-Abgaben müssen auch die nach §§ 1—5 begünstigten Personen gleich anderen Gemeinde-Einwohnern beitragen. Sie sind nicht befugt, was sie hierauf entrichten, bei ihren direkten Kommunalbeiträgen in Anrechnung zu bringen. . . . .

§ 12. Alle entgegenstehenden gesetzlichen Bestimmungen werden aufgehoben.

Wo jedoch weitergehende Immunitäten für Beamte, Militairs, Geistliche oder Lehrer nach statutarischem Recht oder besonderen Privilegien bestehen, so in denselben hierdurch nichts geändert werden.

Gegeben Baden-Baden, den 23. September 1867.

5) Die Militärbeamten der Schleswig-Holsteinschen Armee

fallen unter die in Art. 80 I, 9 und 21 der Bundesverfassung vom 15. Nov. 1870 (B.G.Bl. S. 647) und von Würtemberg im Vertrage v. 25. Nov. 1870 (B.G.Bl. S. 654) als Bundesgesetze anerkannten, in Baiern durch § 2 I, 5 und 11 des Gesetzes v. 22. April 1871 (R.G.Bl. S. 87) als Reichsgesetze eingeführten beiden Gesetze:

a) Gesetz, betreffend die Bewilligung von lebenslänglichen Pensionen und Unterstützungen an Offiziere und obere Militärbeamte der vormaligen Schleswig-Holsteinschen Armee, sowie an deren Wittwen und Waisen. Vom 14. Juni 1868.

(B.G.Bl. S. 335. Ausgegeb. den 23. Juni 1868).

Wir **Wilhelm** rc. verordnen rc., was folgt:

§ 1. Den Offizieren und oberen Militärbeamten (Klassifikation vom 17. Juli 1862)[1]) der vormaligen im Jahre 1851 aufgelösten Schleswig-Holsteinischen Armee, welche bei ihrem Eintritt in diese Armee einem Staate des Norddeutschen Bundes angehört haben oder gegenwärtig einem solchen angehören, werden vom 1. Juli 1867 ab lebenslängliche Pensionen nach Vorschrift des für die Preußische Armee geltenden Reglements vom 13. Juni 1825[2]) und den späteren Ergänzungen desselben aus der Bundeskasse bewilligt.

1) Pr.G.S. S. 224., abgedruckt im B.G Bl. v. 1867. S. 283.
2) Ist amtlich nicht publicirt.

§ 2. Keinen Anspruch auf die durch dieses Gesetz bewilligten Pensionen haben:

1) die mit Zeitbeschränkung in der genannten Armee angestellt gewesenen Offiziere, sowie die zur Erfüllung ihrer Dienstpflicht eingetretenen, während des Krieges zu Offizieren beförderten und nach Beendigung desselben nicht als Invalide in die bürgerlichen Verhältnisse zurückgekehrten Personen;
2) solche Offiziere, deren Ausscheiden weder durch Invalidität, noch durch die Auflösung der Schleswig-Holsteinischen Armee bedingt gewesen ist;
3) Offiziere und Beamte, welche nach Auflösung der Schleswig-Holsteinischen Armee anderweit Anstellung im Militärdienste gefunden haben und sich noch gegenwärtig in demselben befinden, oder mit Pension entlassen sind.

   Ist jedoch in dem letzteren Falle die Pension niedriger, als die nach diesem Gesetz zu gewährende, so kommt Alinea 2 des § 10 zur Anwendung.

§ 3. Diejenigen Offiziere und Beamten (§ 1), welche als solche bereits Pensionen oder dauernde Unterstützungen beziehen, verbleiben im Genusse derselben, sofern sie nicht auf ihre Pensionirung nach dem Reglement vom 13. Juni 1825 antragen.

§ 4. Diejenigen Offiziere und Beamten (§ 1), welche in den Feldzügen der Jahre 1848, 1849 und 1850 durch Verwundung, Beschädigung oder durch Kriegsstrapazen zur Fortsetzung des Dienstes unfähig geworden und deshalb als Invalide anerkannt worden sind, erhalten, wenn ihre Pension nach dem Reglement vom 13. Juni 1825 bemessen ist, eine Erhöhung dieser Pension nach Maßgabe des Gesetzes vom 16. Oktober 1866. (Preußische Gesetz-Samml. S. 647).

§ 5. Erreicht die Pension (§§ 1 und 4) nicht 240 Thaler, so wird sie auf diesen Betrag erhöht.

Der Verlauf eines vollen Dienstjahres nach Beförderung in eine höhere Charge oder Aufrücken in ein höheres Gehalt (Kabinets-Order vom 31. December 1828) ist nicht erforderlich, um die normalmäßige Pension der höheren Charge oder des höheren Gehalts zu erhalten.

Der Abzug von 10 Prozent (Pensions-Reglement vom 13. Juni 1825 § 12) bei Pensionairen, welche im Auslande wohnen, findet nicht statt.

Die Pensionsbewilligung erfolgt auch dann lebenslänglich, wenn die Dienstzeit weniger als 15 Jahre beträgt.

§ 6. Den Wittwen und Waisen der in den Feldzügen von 1848—1850 gebliebenen oder an den erlittenen Verwundungen und Beschädigungen oder in Folge der Kriegsstrapazen verstorbenen Offiziere und Beamten (§ 1) wird, sofern der Verstorbene bei seinem Eintritt in die Schleswig-Holsteinische Armee oder bei seinem Ableben einem Staate des Norddeutschen Bundes angehörte, eine Beihülfe nach Maßgabe des Gesetzes vom 16. Oktober 1866 und des § 5 des Gesetzes vom 9. Februar 1867 (Preußische Gesetz-Samml. S. 217) aus Bundesmitteln gewährt.

Den Wittwen und Waisen der übrigen Offiziere und Beamten (§ 1), welche nach der Verordnung vom 15. Februar 1850 (Gesetzblatt für die Herzogthümer Schleswig-Holstein 1850, 3. St. Nr. 6 — vgl. Art. 4 Nr. 2 und

Art. 16 Nr. 2—4) pensionsberechtigt sein würden, wird aus Bundesmitteln eine nach Maßgabe der gedachten Verordnung vom 15. Februar 1850 zu bestimmende Beihülfe gewährt.

§ 7. Den im Staats- oder Kommunaldienste angestellten Offizieren und Beamten wird die Pension (§ 1) um denjenigen Betrag gekürzt, um welchen ihr reines Einkommen aus dieser Anstellung die Summe von 250 Thalern jährlich übersteigt.

Werden sie vorübergehend gegen Tagegelder oder eine anderweite Entschädigung beschäftigt, so wird ihnen die Pension für die ersten sechs Monate dieser Beschäftigung unverkürzt, dagegen vom siebenten Monate ab nur zu dem nach der vorstehenden Bestimmung zulässigen Betrage gewährt.

Vgl. §§ 60, 30. R.Beamt.G.

§ 8. Die Feldzüge der Jahre 1848, 1849 und 1850 werden, ein jeder für sich, den dabei Betheiligten bei Berechnung ihrer Dienstzeit als Kriegsjahre in Anrechnung gebracht.

Vgl. § 49 R.Beamt.G.

§ 9. Diejenigen Unterstützungen, welche Offiziere und Militärbeamte, die nach § 1 dieses Gesetzes pensionsberechtigt sind, aus Kassen einzelner Bundesstaaten erhalten, kommen mit Gewährung einer Pension auf Grund des gegenwärtigen Gesetzes in Wegfall; die seit dem 1. Juli 1867 gezahlten Unterstützungsbeträge werden auf die Pensionen in Anrechnung gebracht, welche auf Grund des gegenwärtigen Gesetzes bewilligt werden.

§ 10. Die auf Grund dieses Gesetzes zuständigen Pensionen können den Betheiligten nicht angewiesen werden, wenn dieselben bereits eine gleich hohe oder höhere Pension aus Staats- oder Kommunalfonds beziehen.

Ist die letztere niedriger, als die nach diesem Gesetze zu gewährende Pension, so wird zur Erfüllung des Mehrbetrages der erforderliche Zuschuß gewährt.

§ 11. Die vorstehenden Bestimmungen finden innerhalb der entsprechenden Chargen auch auf die vormalige Schleswig-Holsteinische Marine Anwendung.

Die auf Grund dieses Gesetzes jährlich zu zahlenden Beträge sind in den Bundeshaushalts-Etats des betreffenden Jahres als außerordentliche Ausgabe aufzunehmen.

Urkundlich rc.

Gegeben Berlin, den 14. Juni 1868.

b) Gesetz, betreffend die Bewilligung von lebenslänglichen Pensionen und Unterstützungen an Militärpersonen der Unterklassen der vormaligen Schleswig-Holsteinischen Armee, sowie an deren Wittwen und Waisen. Vom 3. März 1870.

(B.G.Bl. S. 39. Ausgegeb. den 15. März 1870.)

Wir **Wilhelm** rc. verordnen rc., was folgt:

§ 1. Den Militärpersonen der vormaligen, im Jahre 1851 aufgelösten Schleswig-Holsteinischen Armee von der Klasse der Unteroffiziere, Gemeinen und Militär-Unterbeamten (Klassifikation der Militärpersonen, Bundesgesetzblatt 1867 S. 283 ff. in Verbindung mit dem Chargenverzeichniß des Tarifs B. zur Verordnung vom 15. Februar 1850. — Gesetzblatt für die Herzogthümer Schleswig-Holstein 1850 3. Stück Nr. 6), welche bei ihrem Eintritt in diese Armee einem Staate des Norddeutschen Bundes angehört haben oder gegenwärtig einem solchen angehören, imgleichen den Wittwen und Waisen dieser Militärpersonen, werden vom 1. Juli 1867 ab Pensionen aus der Bundeskasse bewilligt, nach Maßgabe der das Invaliden-Versorgungswesen betreffenden, in den Staaten des Norddeutschen Bundes geltenden Gesetze und Vorschriften, unter Berücksichtigung jedoch der in gegenwärtigem Gesetze enthaltenen näheren Bestimmungen.

§ 2. Die Anwendung der im § 1 gedachten Gesetze und Vorschriften, insbesondere der §§ 1 und 6—13 des Gesetzes vom 6. Juli 1865[1]) und des § 1 des Gesetzes vom 9. Februar 1867[2]) (Gesetzblatt des Norddeutschen Bundes Nr. 10 pro 1867 S. 126) auf die genannten Militärpersonen findet dergestalt statt, daß danach der Anspruch auf Pension vom 1. Juli 1867 ab allen denen zuerkannt wird, welche zur Zeit ihres Ausscheidens aus der Schleswig-Holsteinschen Armee oder zur Zeit der Auflösung derselben pensionsberechtigt gewesen sein würden, wenn damals ihre Ansprüche nach diesen Gesetzen und Vorschriften beurtheilt worden wären.

Ein Nachweis, daß die vorhandene Invalidität eine Folge des Dienstes sei, wird von denjenigen, welche beziehungsweise 20, 15, 12 und 8 Jahre gedient haben, nicht gefordert.

1) Pr.G.S. S. 777. 2) Pr.G.S. S. 217.

§ 3. Soweit es auf den Grad der Invalidität und Erwerbsunfähigkeit der betreffenden Militärpersonen (§§ 1 und 2) ankommt, wird angenommen, daß der gegenwärtige Zustand derselben zur Zeit ihres Ausscheidens aus der Schleswig-Holsteinschen Armee oder zur Zeit der Auflösung derselben bestanden habe.

§ 4. Die Feldzüge der Jahre 1848, 1849 und 1850 werden, ein jeder für sich, den dabei Betheiligten bei Berechnung der Dienstzeit als Kriegsjahre in Anrechnung gebracht. Die vor dem Eintritt in die Schleswig-Holsteinsche Armee in einer anderen Armee des Norddeutschen Bundes oder in der Dänischen zurückgelegte Dienstzeit wird als Dienstzeit nach ihrer wirklichen Dauer gerechnet.

§ 5. Diejenigen Militärpersonen (§ 1), welche als ehemalige Schleswig-Holsteinsche Soldaten beim Erscheinen des gegenwärtigen Gesetzes Unterstützungen aus öffentlichen Fonds beziehen, verbleiben im Genusse dieser Unterstützungen, wenn sie es nicht vorziehen, ihre Ansprüche nach den vorstehenden §§ 2—4 geltend zu machen. Letzterenfalls kommen die empfangenen Unterstützungen auf die Pensionsbeträge, welche ihnen zuerkannt werden, vom 1. Juli 1867 ab zur Anrechnung.

§ 6. Die Pensionen der im Staats-, Kommunal- oder ständischen Institutendienste angestellten, nach gegenwärtigem Gesetz pensionsberechtigten Personen werden nach den diesfalls in Preußen geltenden Vorschriften für die Dauer der Anstellung belassen, gekürzt oder gänzlich eingezogen. Die beim Erscheinen des gegenwärtigen Gesetzes bereits Angestellten bleiben jedoch im Genusse der Unterstützungen, welche ihnen als ehemaligen Schleswig-Holsteinschen Soldaten 2c. neben ihrem Civil-Einkommen bisher gewährt worden sind.

§ 7. Die nach gegenwärtigem Gesetz geltend zu machenden Pensionsansprüche müssen innerhalb der nächsten drei Jahre nach der Bekanntmachung desselben angemeldet werden; Ansprüche, welche nach Ablauf dieser Frist erhoben werden, können nur nach den Bestimmungen des Abschnitts II des Gesetzes vom 6. Juli 1865 beurtheilt werden.

§ 8. Den Wittwen der in den Feldzügen von 1848, 1849 und 1850 gebliebenen, an den erlittenen Verwundungen oder Beschädigungen, oder in Folge der Kriegsstrapazen gestorbenen Militärpersonen (§ 1) wird, sofern der Verstorbene bei seinem Eintritt in die Schleswig-Holsteinsche Armee oder bei seinem Ableben einem Staate des Norddeutschen Bundes angehörte, eine Unterstützung nach Maßgabe der §§ 3 und 5 des Gesetzes vom 9. Februar 1867 gewährt. Die diesfälligen Beträge sind ebenfalls vom 1. Juli 1867 ab zahlbar.

Den Wittwen und Waisen der übrigen Militärpersonen, welche nach der Verordnung vom 15. Februar 1850 pensionsberechtigt sein würden, werden im Falle und nach Maßgabe der Bedürftigkeit Unterstützungen bis zur Höhe der im Gesetze vom 9. Februar 1867 bestimmten Beträge gewährt.

Das im § 5 über Anrechnung bereits zahlbarer Unterstützungen Gesagte findet auch hier Anwendung.

§ 9. Die auf Grund gegenwärtigen Gesetzes zuständigen Pensionen und Unterstützungen können den Betheiligten nicht angewiesen werden, wenn dieselben bereits eine gleich hohe Pension ꝛc. aus Staats-, Kommunal- oder ständischen Institutenfonds beziehen.

Ist letztere niedriger als die nach diesem Gesetze zu gewährende Pension oder Unterstützung, so wird zur Erfüllung des Mehrbetrages der erforderliche Zuschuß gewährt.

§ 10. Die vorstehenden Bestimmungen finden innerhalb der entsprechenden Chargen auch auf die vormalige Schleswig-Holsteinsche Marine Anwendung.

§ 11. Die auf Grund dieses Gesetzes jährlich zu zahlenden Beträge sind in den Bundes-Haushalts-Etat des betreffenden Jahres als außerordentliche Ausgabe aufzunehmen.

Urkundlich ꝛc.

Gegeben Berlin, den 3. März 1870.

V. Die im Gebiete der Preußischen Monarchie wohnenden aktiven und nicht aktiven Reichsbeamten

sind, soweit sie nicht die Vorrechte eines Preußischen Beamten in ihrer gleichzeitigen Eigenschaft eines solchen oder infolge der Bundesverordnung vom 22. Decbr. 1868 (s. o. IV, 4) bereits ganz oder theilweise genossen, durch § 19 des Reichsbeamtengesetzes in den vollen Mitgenuß derselben gesetzt worden. Auf diese Vorrechte beziehen sich rücksichtlich der

a) Kommunalbesteuerung des Diensteinkommens ꝛc. und der Bewilligungen an Hinterbliebene:

Gesetz v. 11. Juli 1822 (Gesetz-Samml. S. 184) und Kabinets-Ordres v. 21. Januar 1829 (Gesetz-Samml. S. 9), v. 14. Mai 1832 (Gesetz-Samml. S. 145) u. v. 29. Mai 1834 (Gesetz-Samml. S. 74).

Den Inhalt dieser Vorschriften, welcher in den Gemeinde-Verfassungsgesetzen wiederholt wird, enthält die vorstehend (VI, 4) abgedruckte

Verordnung, betreffend die Heranziehung der Staatsdiener zu den Kommunalauflagen ꝛc. vom 23. September 1867. (Gesetz-Samml. S. 1648.)

b) Beschlagnahme des Diensteinkommens ꝛc.: die Bestimmungen des Anhangs zu § 108 I, 24 Allg. Gerichts-Ordnung:

Anh. § 160. Auf die Besoldungen und Emolumente der Civilbeamten findet ein Beschlag nur in der Art statt, daß ein jeder 400 Thlr. jährlich frei behält. Gegen diejenigen, welche nur 400 Thlr. oder weniger Diensteinkünfte haben, soll daher kein Arrestschlag, desgleichen bei den übrigen der Beschlag nur auf die Hälfte des nach Abrechnung der 400 Thlr. bleibenden Ueberschußes der Besoldung und Emolumente gestattet werden.

Anh. § 162. Auch auf diejenigen, welche aus einem unter öffentlicher Verwaltung stehenden Fonds eine ihnen vom Staate oder der vorgesetzten Behörde angewiesene Pension beziehen, findet die gedachte Vorschrift, jedoch mit der Einschränkung Anwendung, daß ihnen nur 200 Thlr. ganz und von dem Ueberschuße die Hälfte frei bleiben soll.

Anh. § 168. Sowohl Militärpersonen, als Civilbeamten und Pensionisten müssen sich Abzüge bis zur Hälfte ihres ganzen Gehalts, Wartegeldes oder Pension ohne Unterschied des Betrages gefallen lassen, wenn es auf Entrichtung laufender Alimente ankommt.

Anh. § 169. Die in Absicht der Beschlagnahme von Besoldungen und Pensionen vorgeschriebenen Einschränkungen finden bei solchen Schulden keine Anwendung, welche aus unerlaubten Handlungen entstanden sind; vielmehr soll bei Schulden dieser Art die Exekution ohne Rücksicht auf einen dem Schuldner sonst zu seiner Subsistenz zu belassenden Theil seines Einkommens vollstreckt werden.

Anh. § 170. Kurrente öffentliche Abgaben sind ohne Unterschied der höheren oder niedriegern Besoldung oder Pension durch deren Beschlagnahme einzuziehen. Wenn aber andere Gläubiger auf solche Besoldungen und Pensionen schon Beschlag gelegt haben, so wird nur die eine Hälfte der zu entrichtenden Abgaben von dem freien Antheile des Besoldeten oder Pensionisten, die andere Hälfte aber von dem den Gläubigern angewiesenen Antheile dergestalt erhoben, daß letztere bis zur Tilgung der öffentlichen Abgaben zurückstehen müssen.

Kabinets-Ordre vom 22. Decbr. 1817 (Gesetz-Samml. 1818, S. 8):

Bei eintretender Mobilmachung der Armee können die mobilen Militärbeamten einen Gehaltsabzug nicht erleiden.

Das sächsische Gesetz v. 7. März 1835 § 12 und das oldenburgische v. 28. März 1867 Art. 20 lassen die Beschlagnahme des Gehalts zu 1/3, das braunschweigische Gesetz v. 15. Oktober 1832, § 15 aber nur zu 1/5 zu.

c) Exekutionsvollstreckung in das Vermögen der Beamten:

die Anhangsbestimmungen zu § 70 I, 24 Allg. Gerichts-Ordnung.

Anh. § 156. Wenn wider einen im Dienst oder auf Pension stehenden Beamten zur Auspfändung geschritten wird, so sollen ihm die zur Verwaltung seines Dienstes erforderlichen Bücher, das unentbehrliche Hausgeräth, Betten, anständige Kleider und Wäsche nicht genommen, auch dessen Frau und unerzogenen Kindern nothdürftige Kleider, Wäsche und Betten gelassen werden.

Kabinets-Ordre v. 11. Decbr. 1831 (Gesetz-Samml. 1832 S. 2): Das bei dem Schuldner sich vorfindende baare Geld soll bis auf Höhe derjenigen Summe, welche dem Betrage des gesetzlich frei bleibenden Theils des Diensteinkommens für den Zeitraum von der Exekution bis zum nächsten Termine der Gehaltszahlung gleich kommt, der Auspfändung nicht unterworfen sein. Auch auf Pensionen der Militär- und Civilbeamten soll diese Bestimmung Anwendung finden.

Anh. § 157. Diese Vorschriften haben auf Schulden, welche aus unerlaubten Handlungen entspringen, keine Anwendung; vielmehr muß in diesem Falle die Exekution, ohne Rücksicht auf die Pension und ohne Ausnahme irgend eines Vermögensstückes vollstreckt werden.

VI. Die Sachwalter beim Reichsoberhandelsgerichte,

welche übrigens keine Reichsbeamten im Sinne des Reichsbeamtengesetzes v. 31. März 1873 sind (vgl. Anm. zu § 1. dess.), unterliegen dem

Gesetze, betreffend die dem Reichsoberhandelsgerichte gegen Rechtsanwalte und Advokaten zustehenden Disziplinarbefugnisse. Vom 29. März 1873.

(R.G.Bl. S. 60; ausgegeb. den 4. April 1873.)

Wir **Wilhelm** ꝛc. verordnen ꝛc., was folgt:

§ 1. Dem Reichs-Oberhandelsgerichte stehen gegen die Rechtsanwalte und Advokaten, welche in den bei demselben anhängigen Rechtssachen thätig sind, rücksichtlich dieser Thätigkeit diejenigen Disziplinarbefugnisse zu, welche dem obersten Gerichtshofe, an dessen Stelle das Reichs-Oberhandelsgericht nach § 12 des Gesetzes vom 12. Juni 1869 (Bundes-Gesetzblatt S. 201), § 2 des Gesetzes vom 16. April 1871 (Bundes-Gesetzbl. S. 63), § 5 des Gesetzes vom 22. April 1871 (Bundes-Gesetzblatt S. 87) und § 1 des Gesetzes vom 14. Juni 1871 (Reichs-Gesetzblatt S. 315) getreten ist, unter gleichen Umständen zustehen würden.

Die auf Grund dieser Vorschrift auszusprechende Suspension oder Entziehung der Berechtigung zur Praxis bezieht sich nur auf die Praxis bei dem Reichs-Oberhandelsgerichte.

§ 2. Diejenigen Rechtsanwalte und Advokaten, welche behufs Ausübung der Praxis bei dem Reichs-Oberhandelsgerichte sich am Sitze dieses Gerichtshofes niederlassen oder bereits niedergelassen haben, und die ihnen früher zustehende Berechtigung zur gerichtlichen Praxis in einem der Bundesstaaten oder in Elsaß und Lothringen aufgegeben oder ganz oder zeitweise verloren haben, unterliegen in gleicher Weise, als wären sie in ihrer früheren Stellung als Rechtsanwalte oder Advokaten verblieben, der Disziplin nach Maßgabe der Landesgesetze und der nachstehenden Vorschriften.

§ 3. Das Reichs-Oberhandelsgericht tritt zur Handhabung der Disziplin über die im § 2 bezeichneten Rechtsanwalte und Advokaten als Aufsichtsbehörde und als Disziplinargericht an die Stelle der nach den Landesgesetzen zuständigen Behörden (der öffentlichen Behörden und der aus dem Anwalt- nnd Advokatenstande gebildeten Ausschüsse, Ehrenräthe, Disziplinarräthe) mit allen Befugnissen, welche einer der bestehenden mehreren Instanzen gebühren.

Die nach den Landesgesetzen dem Vorsitzenden einer kollegialischen Disziplinarbehörde zustehenden Befugnisse gehen auf den Präsidenten des Reichs-Oberhandelsgerichts über.

§ 4. Das Verfahren in Disziplinarsachen wird durch die Landesgesetze bestimmt.

Ist in dem Disziplinar-Strafverfahren die Mitwirkung der Staatsanwaltschaft erforderlich, so werden deren Verrichtungen gemäß § 3 des Gesetzes vom 14. Juni 1871 (Reichs-Gesetzblatt S. 315) durch einen besonderen Beamten, ein Mitglied des Reichs-Oberhandelsgerichts, einen in Leipzig angestellten Staatsanwalt oder einen dort wohnhaften Advokaten wahrgenommen.

§ 5. Die von dem Reichs-Oberhandelsgerichte auf Grund dieses Gesetzes erlassenen Entscheidungen können nur wie die Entscheidungen letzter Instanz angefochten werden.

Urkundlich ꝛc.

Gegeben Berlin, den 29. März 1873.

Beilage zu Nr. IV.
der Zusammen-
stellung.

Die Klassifikation der Militärbeamten,

über welche das Kriegsministerium bei der Veröffentlichung der Disziplinarstrafordnung für das Heer vom 31. October 1872 in No. 26 des Armee-Verordnungsblattes von 1872 unterm 2. Novbr. deſſ. J. (S. 342) neue Bestimmungen in Aussicht stellt, ist nach der dem Mil.St.G.B. v. 3. April 1845 im Bundesgeſ.-Bl. von 1867 S. 283 beigefügten Anlage (mit welcher sich Bayern z. B. noch nicht in voller Uebereinstimmung befindet), unter Berücksichtigung der veröffentlichten Abänderungen, folgende:

I. Obere Beamte

1) des Heeres:

a) Generalauditeur der Armee und Räthe des Generalauditoriats,
b) Auditeure und Militärgerichtsaktuarien,
c) bei den Militärintendanturen:
  aa) Intendanten und Intendantur-Räthe und -Assessoren,
  bb) Referendarien und Auskultatoren,
  cc) Sekretäre, Registratoren, Sekretariats- und Registratur-Assistenten
d) Feldprobst und Militärgeistliche,
e) Oberstabs-Apotheker und Ober-Feldlazarethinspektor,
f) Plankammerinspektor,
g) Inspektor des Festungsmodellhauses in Berlin,
h) Fortifikationssekretäre und Büreauassistenten,
i) Stallmeister,
k) Zahlmeister,
l) Korps-Roßärzte und Ober-Roßärzte,

2) der Flotte:

a) Marine-Auditeure und Marinegerichtsaktuarien,
b) bei der Marine Intendantur:
  aa) Marine-Intendant u. Marine-Intendantur-Räthe und Assessoren,
  bb) Marine-Intendanturreferendarien und Auskultatoren,
  cc) Marinesekretäre, Registratoren, Sekretariats- und Registraturassistenten, Rendanten, Kontroleure und Werftsekretäre,
c) Marinegeistliche,
d) Marine-Ingenieure des Schiffs- und des Hafenbaues,
e) die Zahlmeister mit dem Range:
  1) eines Lieutenants z. S.,
  2) eines Unterlieutenants z. S.

m) Registrator in der Kanzlei des Generalstabs der Armee,
n) Ingenieur-Geographen,
o) im Kriege und bei mobilen Truppen:
1) obere Beamten der Feldkriegskasse bis zum Kassenassistenten einschließlich,
2) Oberdrucker der Metallographie,
3) obere Feldmagazinbeamten bis zum Magazinassistenten einschließlich,
4) obere Feldpostbeamten bis zum Feldpost-Sekretär einschließlich,
5) obere Feld- und Etappen-Telegraphen-Beamten,
6) obere Beamten des Feldeisenbahnwesens,
7) obere Feldlazarethbeamten bis zum Sekretär einschließlich,
8) Feldapotheker.

II. **Untere Beamte**

1) des Heeres:	2) der Flotte:
a) Militärküster,	a) Marineküster,

b) unter dem Ingenieur vom Platz in den Festungen stehende Unterbeamte,
c) Ober- und Unteraufseher bei den Baugefangen-Anstalten,
d) Büchsenmacher und Sattler,
e) Unter-Roßärzte,
f) im Kriege und bei mobilen Truppen:
   1) Kassendiener bei den Kriegskassen,
   2) Druckergehülfen bei der Metallographie,
   3) Feld-Magazinaufseher und -Backmeister,
   4) Feld-Postschaffner und -Postillone,
   5) Vorarbeiter der Feld-Telegraphen- u. -Eisenbahnabtheilungen,
   6) Chirurgische Instrumentenmacher und Apotheken-Handarbeiter bei den Feldlazarethen,
   7) Kanzleidiener beim mobilen Stabe des Kriegsministers und bei dem vortragenden Generaladjutanten des Kaisers.

b) Marinezeichner,
c) Werk-, Schleusen- und Dockmeister u. Schleusenmeister-Gehilfen,
d) Magazin- und Bau-Aufseher und Schleusen- und Dockwärter,
e) Büchsenmacher,
f) Werkstatts- u. Bauschreiber,
g) unter dem Ingenieur vom Platz stehenden Marine-Unterbeamte.

Anmerkung:

1) Alle Diejenigen, welche außer den vorstehend aufgeführten Personen im Frieden oder im Kriege bei der Militär- oder Marineverwaltung aufgetragene Dienste verrichten, sind entweder Personen des Soldatenstandes oder, wofern ihnen Beamtenqualität beizulegen ist, nicht Militärbeamte, sondern Civilbeamte der Militär- oder Marineverwaltung.

2) Zu den Militärbeamten gehörten früher auch, und zwar mit bestimmtem Militärrange: die Militärärzte des Heeres und der Flotte; ohne bestimmten Militärrang: die Marine-Ingenieure des Maschinenbaus. Beide Klassen sind jetzt Personen des Soldatenstandes. Die Militärärzte (einschließlich der Unterärzte) des aktiven Dienststandes und des Beurlaubtenstandes bilden mit den Lazarethgehilfen und militärischen Krankenwärtern das „Sanitätskorps"; die Maschinen-Oberingenieure, -Ingenieure und -Unteringenieure des aktiven Dienststandes und des Beurlaubtenstandes bilden das „Maschinen-Ingenieurkorps der Marine". Die Mitglieder beider Korps sind in der dem Militärstrafgesetzbuche vom 20. Juni 1872 (R.G.Bl. S. 174) beigefügten Anlage als besondere Klassen den Personeu des Soldatenstandes beigezählt.

   a) Verordn. über die Organisation des Sanitätskorps vom 6. Febr. 1873. (Armee-Verordn.-Bl. No. 11. S. 103.)

   b) Bestimmungen über die Organisation des Maschinen-Ingenieurkorps v. 7. Mai 1872 (Marine-Verordn.-Bl. No. 9. S. 85.)

   Zu den Personen des Soldatenstandes gehörten andrerseits früher die Stabs- und Unter-Roßärzte, welche jetzt Militärbeamten sind. An Stelle der Stabs-Roßärzte werden aber fernerhin nur Korps- und Ober-Roßärzte ernannt.

   Kab.-Ordre v. 24. Juni 1872. (Armen-Verordn.-Bl. S. 201.)

3) Von den sämmtlichen Militärbeamten sind nur die unter I, 1. f. g. h. i. m. n. u. II, 1. b. c. d. aufgeführten ausschließlich den Militärbefehlshabern unterstellt und solche Beamte, auf welche die §§ 120—122 des Reichsbeamtengesetzes Anwendung finden. Alle übrigen stehen zur Zeit in einem doppelten Unterordnungsverhältnisse.

2. Gesetz,

betreffend

die Kautionen der Reichs (Bundes) beamten.

Vom 2. Juni 1869.

(B.G.Bl. S. 161; ausgegeben den 14. Juni 1869).

Das Gesetz hat im ganzen Reiche Geltung erlangt:
in Südhessen und Baden durch Art. 80 I 14 der am 15. Novbr. 1870 vereinten Bundesverfassung (B.G.Bl. S. 647, ausg. 31. Dec. 1870);
in Würtemberg durch Art. 1 des Vertrages vom 25. Novbr. 1870 (B.G.Bl. S. 654 ff., ausg. 31. Decbr. 1870);
in Baiern durch § 2 I 7, Ges. v. 22. April 1871 (B.G.Bl. S. 87, ausg. 29. April 1871);
in Elsaß-Lothringen durch Ges. v. 11. Decbr. 1871 (G.Bl. f. Els.-Lothr. S. 386.)

Wir **Wilhelm**, von Gottes Gnaden König von Preußen ꝛc. verordnen im Namen des Norddeutschen Bundes, nach erfolgter Zustimmung des Bundesrathes und des Reichstages, was folgt:

§ 1. Reichs(Bundes)beamter im Sinne dieses Gesetzes ist jeder Beamte, welcher entweder vom Kaiser (Bundespräsidium) angestellt, oder nach Vorschrift der Reichs- (Bundes-)

Verfassung den Anordnungen des Kaisers (Bundespräsidiums) Folge zu leisten verpflichtet ist.

Auf Personen des Soldatenstandes findet dies Gesetz keine Anwendung.

Vgl. §§ 1, 157 R.Beamt. Ges.

§ 2. Beamte, welchen die Verwaltung einer dem Reiche (Bunde) gehörigen Kasse oder eines dem Reiche (Bunde) gehörigen Magazins, oder die Annahme, die Aufbewahrung oder der Transport von, dem Reiche (Bunde) gehörigen oder ihm anvertrauten Geldern oder geldwerthen Gegenständen obliegt, haben dem Reiche (Bunde) für ihr Dienstverhältniß Kaution zu leisten.

§ 3. Die Klassen der zur Kautionsleistung zu verpflichtenden Beamten und die nach Maaßgabe der verschiedenen Dienststellungen zu regelnde Höhe der von ihnen zu leistenden Amtskautionen werden durch eine vom Kaiser (Bundespräsidium) im Einvernehmen mit dem Bundesrathe zu erlassende Verordnung bestimmt.

1) Ergangen sind die am Schlusse nachfolgenden Verordnungen, betreffend:

a) die Post-, Telegraphen- und Eichungsbeamten v 29. Juni 1869 (B.G.Bl. S. 285. G.Bl. f. Elf.-Lothr. 1871. S. 390); — für die Postbeamten, Abänderung v. 14 Juli 1871 (R.G.Bl. S. 316. G.Bl. f. Elf.-Lothr. 1871. S. 400);

b) die Militär- und Marineverwaltungsbeamten v. 5. Juli 1871 (R.G.Bl. S. 308. G.Bl. f. Elf.-Lothr. 1871. S. 393); — Abänderung v. 14. Januar 1873 (R.G.Bl. S. 37);

c) die Eisenbahnbeamten in Elsaß-Lothringen v. 27. Febr. 1872 (R.G.Bl. S. 59. G.Bl. f. Elf.-Lothr. S. 154)

2) Vgl. Anm. 2. zu § 7.

§ 4. Die Amtskaution ist durch den kautionspflichtigen Beamten zu bestellen. Die Bestellung derselben durch eine andere Person ist zulässig, sofern dem Reiche (Bunde) an der Kaution dieselben Rechte gesichert werden, welche ihm an einer durch den Beamten selbst gestellten Kaution zugestanden haben würden.

§ 5. Die Amtskautionen sind durch Verpfändung von auf den Inhaber lautenden Obligationen über Schulden des Reiches (Bundes) oder eines einzelnen Bundesstaates nach deren Nennwerthe zu leisten.

Die Verpfändung erfolgt durch Uebergabe zum Faustpfande.

§ 6. Die Kautionen sind bei denjenigen Kassen, welche zur Aufbewahrung derselben von der obersten Reichs- (Präsidial) Behörde bestimmt werden, niederzulegen. Die Niederlegung der Werthpapiere erfolgt einschließlich des dazu gehörigen Talons, beziehungsweise desjenigen Zinsscheins, an dessen Inhaber die neue Zinsschein-Serie ausgereicht wird.

Die faustpfandlichen Rechte an den niedergelegten Werthpapieren sind mit voller rechtlicher Wirkung erworben, sobald der Empfangsschein über die Niederlegung ertheilt ist.

Die Zinsscheine für einen vier Jahre nicht übersteigenden Zeitraum werden dem Kautionsbesteller belassen, beziehungsweise nach Ablauf dieses Zeitraums oder nach Ausreichung neuer Zinsscheine verabfolgt. Die Einziehung der neuen Zinsscheine erfolgt durch die Kasse. Letztere hat nicht die Verpflichtung, die Ausloosung der niedergelegten Werthpapiere zu überwachen.

§ 7. Die Bestellung der Amtskaution ist vor der Einführung des Beamten in das kautionspflichtige Amt zu bewirken.

In welchen Fällen die vorgesetzte Dienstbehörde ermächtigt ist, dem Beamten die nachträgliche, durch Ansammlung von Gehaltsabzügen zu bewirkende Beschaffung der Kaution ausnahmsweise zu gestatten, und in welcher Art dann die Ansammlung zu erfolgen hat, wird durch die im § 3 erwähnte Kaiserliche (Präsidial-) Verordnung bestimmt.

1) Vgl. § 3. Anm. 1.

2) Verordnung, betreffend die Aufbringung von Kautionserhöhungen. Vom 14. December 1872 (R.G.Bl. S. 434. ausg. d. 31. December 1872.)

Wir Wilhelm rc. verordnen auf Grund des § 7. des Gesetzes vom 2. Juni 1869 rc. im Namen des deutschen Reichs was folgt:

Artikel 1.

Kautionserhöhungen, zu welchen Beamte lediglich in Folge einer mit Beförderung nicht verbundenen Gehaltserhöhung verpflichtet sind, können durch Ansammlung angemessener Gehaltsabzüge aufgebracht werden, deren Höhe die vorgesetzte Dienstbehörde bestimmt.

Artikel 2.

Die Ansammlung und Aufbewahrung dieser Gehaltsabzüge erfolgt gemäß Artikel 7*) der Verordnung vom 5. Juli 1871, betreffend die Kautionen der bei der Militär- und Marineverwaltung angestellten Beamten.

*) d. h. bei derjenigen Kasse, welcher die Aufbewahrung der vollen Kaution obliegt. S. u. Anl. b.

rc.

Urkundlich rc.

Gegeben Berlin, den 14. December 1872.

§ 8. Verwaltet ein Beamter gleichzeitig mehrere kautionspflichtige Bundesämter, so genügt die Bestellung einer Kaution zu dem für eines dieser Aemter vorgeschriebenen Betrage. Sind die für die einzelnen Aemter vorgeschriebenen Kautionssätze verschieden, so ist die Kaution nach dem höchsten Satze zu leisten.

§ 9. Verwaltet ein kautionspflichtiger Reichs- (Bundes-) beamter gleichzeitig ein kautionspflichtiges Amt im Dienste eines Bundesstaates, so kann die für letzteres Amt bestellte Kaution, soweit sie den Bestimmungen dieses Gesetzes entspricht, mit Zustimmung der zuständigen Behörde des Bundesstaates und nach vorgängiger Vereinbarung darüber, wie viel von dem Gesammtbetrage der Kaution auf jedes der beiden Aemter zu rechnen ist, zugleich für das kautionspflichtige Reichs- (Bundes-) Dienstverhältniß angenommen werden.

§ 10. Die Amtskaution haftet dem Bunde für alle von dem kautionspflichtigen Beamten aus seiner Amtsführung zu vertretenden Schäden und Mängel an Kapital und Zinsen, sowie an gerichtlichen und außergerichtlichen Kosten der Ermittelung des Schadens.

Vgl. §§ 134—136, 142, 144, 148 R.Beamt.G.

§ 11. Steht eine der nach § 10 aus der Kaution zu deckenden Forderungen zur Exekution, so ist die dem kautionspflichtigen Beamten vorgesetzte Dienstbehörde ohne Weiteres berechtigt [1]), die verpfändeten Werthpapiere bis auf Höhe der Forderung an einer innerhalb des Bundesgebietes belegenen, von ihr zu bestimmenden Börse außergerichtlich verkaufen zu lassen. Der Kautionsbesteller ist in solchem Falle zur Ausantwortung der ihm belassenen noch nicht fälligen Zinsscheine (§ 6) verpflichtet. Ist diese Ausantwortung von ihm nicht zu erlangen, so kann er zur Erlegung des Geldwerths der von ihm zurückbehaltenen Zinsscheine in dem für die Beitreibung öffentlicher Abgaben vorgeschriebenen Verfahren zwangsweise angehalten werden.

Das Reich (der Bund) ist nicht verpflichtet, im Falle des Konkurses die verpfändeten Werthpapiere in die Konkursmasse einzuliefern.[2])

[1]) aber nicht verpflichtet, § 142 R.Beamt.G.

[2]) In Preußen braucht auch, weil das Reich sich aus der Kaution „ohne Weiteres" zu befriedigen befugt ist, daß Besitz derselben deren Konkursgerichte von Amts wegen nicht angezeigt zu werden. Konk. O. v. 8. Mai 1855. § 146.

§ 12. Dem Reiche (Bunde) stehen[1]) dem kautionspflichtigen Reichs- (Bundes-) beamten gegenüber alle Rechte zu, welche an dem Orte, wo der Beamte innerhalb des Bundesgebiets seinen dienstlichen Wohnsitz hat oder zuletzt gehabt hat, kraft der dort geltenden Landesgesetzgebung der Landesregierung den kautionspflichtigen Beamten gegenüber beigelegt sind.[2])

Liegt der betreffende Ort im (Bundes-) Auslande, so sind für die vorstehend erwähnten Rechte diejenigen Bestimmungen maaßgebend, welche in Anwendung gekommen wären, wenn der Beamte seinen dienstlichen Wohnsitz in Berlin gehabt hätte.[3])

[1]) soweit nicht das Reichsbeamt.Ges. besondere Bestimmungen enthält (vgl. § 134 ff. dess.).

[2]) vgl. §§ 19, 20. R.Beamt.Ges.

[3]) vgl. § 21. ebd.

§ 13. Nach Beendigung des kautionspflichtigen Dienstverhältnisses wird, sobald amtlich festgestellt ist, daß aus demselben Vertretungen nicht mehr zu leisten sind, die Kaution gegen Aushändigung des quittirten Empfangsscheins oder im Falle des Verlustes desselben, des gerichtlichen Amortisations-Dokuments zurückgegeben.

Von der Beibringung des gerichtlichen Amortisations-Dokuments kann nach dem Ermessen der dem kautionspflichtigen Beamten vorgesetzten Dienstbehörde abgesehen werden.

§ 14. Diejenigen Kautionen, welche vor dem Erlasse der im § 3 erwähnten Verordnung von den durch letztere für kautionspflichtig erklärten Beamten entweder dem Reiche (Bunde) oder für ein auf das Reich (den Bund) übergegangenes Dienstverhältniß der Regierung eines Bundesstaates gestellt sind, haften vom Zeitpunkte des Erlasses jener Verordnung ab dem Reiche (Bunde) in dem durch die Bestimmungen dieses Gesetzes bezeichneten Umfange.

§ 15. Die dem Reiche (Bunde) vor dem Erlasse der im § 3 erwähnten Verordnung gestellten Amtskautionen solcher Beamten, welche nach Inhalt jener Verordnung zur Kautionsleistung entweder überhaupt nicht, oder nur bis zu einer geringeren Höhe verpflichtet sind, werden zurückgegeben, beziehungsweise auf den in der Verordnung bestimmten Betrag ermäßigt.

§ 16. Reichs- (Bundes-) Beamte, welche zur Zeit des Erlasses der im § 3 erwähnten Verordnung in einem Dienstverhältnisse stehen, für welches es der Kautionsleistung nach den bis dahin geltenden Vorschriften entweder überhaupt nicht, oder nur in einer geringeren Höhe, oder in einer anderen als der in diesem Gesetze vorgeschriebenen Art bedurfte, können, so lange sie in derselben dienstlichen Stellung ohne Gehaltserhöhung verbleiben, wider ihren Willen nicht dazu angehalten werden, nach Maaßgabe der Bestimmungen dieses Gesetzes und der Verordnung (§ 3) eine Kaution zu stellen oder die gestellte Kaution zu erhöhen, beziehungsweise durch eine den Vorschriften dieses Gesetzes entsprechende Kaution zu ersetzen. Inwieweit ein solcher Beamter bei eintretender Gehaltserhöhung verpflichtet ist, den Mehrbetrag des Gehalts ganz oder zum Theil zur Ansammlung der Kaution zu verwenden, wird durch die im § 3 erwähnte Kaiserliche (Präsidial-) Verordnung bestimmt.

Vgl. § 3. Anm.

§ 17. Die vor dem Erlasse der im § 3 erwähnten Verordnung gestellten Amtskautionen, welche den Vorschriften dieses Gesetzes nicht entsprechen, werden, sobald sie durch anderweite Kautionen ersetzt sind, zurückgegeben.

Urkundlich unter Unserer Höchsteigenhändigen Unterschrift und beigedrucktem Bundes-Insiegel.

Gegeben Schloß Babelsberg, den 2. Juni 1869.

(L. S.) Wilhelm.

Gr. v. Bismarck-Schönhausen.

a) Verordnung,

betreffend die Kautionen der bei den Verwaltungen der Post, der Telegraphen und des Eichungswesens angestellten Beamten.

Vom 29. Juni 1869.

(B.G.Bl. S. 285. ausgegeb. den 30. Juni 1869.)

(Ges.Bl. f. Els.-Lothr. 1871. S. 390.)

mit der an den entsprechenden Stellen eingeschalteten

Verordnung, betreffend die Aenderung einiger in der (vorstehenden) Verordnung vom 29. Juni 1869 über die Kautionen der **Postbeamten** enthaltenen Bestimmungen.

Vom 14. Juli 1871.

(B.G.Bl. S. 316. ausgegeb. den 12. August 1871.)

(Ges.Bl. f. Els.-Lothr. 1871. S. 400.)

Wir **Wilhelm** rc. verordnen auf Grund der §§ 3. 7. und 16. des Gesetzes vom 2. Juni d. J., betreffend die Kautionen der Bundesbeamten (B.G.Bl. S. 161.), nach Einvernehmen mit dem Bundesrathe, im Namen des Norddeutschen Bundes, was folgt:

Artikel 1.

Zur Kautionsleistung sind die nachstehenden Beamtenklassen verpflichtet:

I. Im Bereiche der Postverwaltung:

a) die bei den Ober-Postkassen und den Postanstalten angestellten oder beschäftigten Beamten, Unterbeamten und kontraktlichen Diener, mit alleiniger Ausnahme der Orts-Postkassenkontroleure;

b) Rendant, Kontroleur, Kassirer des Zeitungs-Debitskomtoirs in Berlin und diejenigen bei demselben angestellten Beamten und Unterbeamten, welche mit der Kassenführung und der Ausgabe der Zeitungen, sowie mit der Verwaltung des Materials betraut sind;

c) der Vorsteher des Post-Montirungsdepots in Berlin;

d) Führer von Postdampfschiffen.

II. Im Bereiche der Telegraphenverwaltung:

a) diejenigen Telegraphen-Inspektoren, Telegraphen-Direktionssekretaire, Telegraphensekretaire, Ober-telegraphisten und Telegraphisten, welche Stationsvorsteher sind, eine Kasse führen oder Materialien verwalten;

b) die sonstigen Verwalter von Telegraphenstationen, sofern sie nicht etwa als Postbeamte bereits Kaution geleistet haben;

c) diejenigen Unterbeamten, welchen die Annahme, die Aufbewahrung oder der Transport von Geld oder Materialien obliegt.

III. Im Bereiche der Verwaltung des Eichungswesens: der Rendant der Kasse der Normal-Eichungskommission.

Artikel 2.

Die Höhe der von den vorbezeichneten Beamtenklassen zu leistenden Kautionen beträgt:

I. Im Bereiche der Postverwaltung:

(nach der in der Ueberschrift allegirten an die Stelle des Textes tretenden Verordnung vom 14. Juli 1871.)

1) für den Rendanten des Zeitungs-Debitskomtoirs in Berlin und die Rendanten der Ober-Postkassen . . .	3000	Thlr.,
2) für Kontroleur und Kassirer des Zeitungs-Debitskomtoirs in Berlin, für Kassirer von Ober-Postkassen, den Vorsteher des Post-Montirungsdepots und Führer von Post-Dampfschiffen	1000	=
3) für Buchhalter von Ober-Postkassen und für Postamtskassirer	800	=
4) für Hülfsbuchhalter von Ober-Postkassen	600	=

5) für Vorsteher von Post- oder Eisenbahn-Postämtern von größerem Umfange . . . . 3000 ·
6) für Vorsteher von Post- oder Eisenbahn-Postämtern von mittlerem Umfange . . . . 1000 ·
7) für Vorsteher von Postämtern geringen Umfangs . . . . 600 ·
8) für Vorsteher von Postverwaltungen 500 ·
9) für Expektanten aus der Zahl versorgungsberechtigter Offiziere auf Anstellung als Postamts-Vorsteher während des Vorbereitungs- und Probedienstes . . . . 300 ·
10) für Vorsteher von Postexpeditionen bis 300 ·
11) für Ober-Postsekretaire und Postsekretaire . . . . 500 ·
12) für Postpraktikanten und Posteleven. 300 ·
13) für Sekretariats-Assistenten . . . . . . 300 ·
14) für Postamts-Assistenten . . . . 200 ·
15) für Postanwärter und Postgehülfen . 100 ·
16) für Postagenten . . . . 50 ·
17) für Post-Unterbeamte und kontraktliche Diener bis . . . . 200 ·

II. Im Bereiche der Telegraphenverwaltung:

1) für Telegraphen-Inspektoren 500 bis 1000 Thlr.,
2) für Telegraphen-Direktionssekretaire und Telegraphensekretaire . . . . 300 · 500 ·

3) für Ober-Telegraphisten und Telegraphisten . . . . 200 Thlr.,
4) für Stationsverwalter, welche gemäß Artikel 1. sub II. Littr. b. kautionspflichtig sind, bis . . . . 100 „
5) für Unterbeamte . . . . 100 „

III. Im Bereiche der Verwaltung des Eichungswesens: für den Rendanten der Kasse der Normal-Eichungskommission . . . . 1600 Thlr.

Artikel 3.

Die Eintheilung der Post- und Eisenbahnpostämter (Artikel 2. sub I. Nr. 5. bis 7.) — erfolgt durch das Generalpostamt.

Die Höhe der von Telegraphen-Inspektoren, Telegraphen-Direktionssekretairen, Telegraphensekretairen und Stationsverwaltern zu bestellenden Kautionen wird innerhalb der im Artikel 2. sub II. Nr. 1. 2. und 4. bezeichneten Grenzen durch die General-Direktion der Telegraphen des Norddeutschen Bundes bestimmt.

Artikel 4.

Unterbeamten und kontraktlichen Dienern, welche die Kaution auf einmal zu beschaffen außer Stande sind, kann von der vorgesetzten Dienstbehörde ausnahmsweise gestattet werden, die Beschaffung der Kaution nachträglich durch Ansammlung von Gehaltsabzügen im Betrage von Einem bis zu drei Thalern monatlich zu bewirken.

Oben allegirte Verordnung v. 14. Juli 1871. Art. 2.:

Das General-Postamt wird ermächtigt, Beamten, welche in Folge der eingetretenen Veränderung in den Personalverhältnissen und im Dienstbetriebe der Postverwaltung eine mit Kautionspflicht, beziehentlich mit höherer Kautionspflicht verbundene Dienststellung erhalten und die für diese Stellung erforderliche Kaution auf einmal zu beschaffen außer Stande sind, die nachträgliche Beschaffung der Kaution durch Ansammlung von angemessenen Gehaltsabzügen zu gestatten.

Soweit einzelnen Beamten vor dem Erlasse dieser Verordnung die Beschaffung der für ihr Dienstverhältniß erforderlichen Kaution durch Ratenzahlungen oder Ansammlung von Gehaltsabzügen gestattet ist, bewendet es bei den desfallsigen Festsetzungen.

Artikel 5.

Beamte, welche in dem im § 16. Satz 2. des erwähnten Gesetzes (vom 2. Juni 1869) bezeichneten Falle sich befinden, haben den durch die Gehaltserhöhung ihnen zufließenden Mehrbetrag des Gehalts ganz zur Ansammlung der Kaution zu verwenden. Die oberste Präsidialbehörde ist jedoch ermächtigt, bei Beamten, welche in beschränkten Vermögensverhältnissen sich befinden, auf deren Antrag die Ermäßigung der Gehaltsabzüge bis auf die Hälfte des Betrages der Gehaltserhöhung zu gestatten.

Artikel 6.

Die Ansammlung und Aufbewahrung der Gehaltsabzüge (Artikel 4. und 5.) geschieht bei derjenigen Kasse, welcher die Aufbewahrung der vollen Kaution obliegt.

Urkundlich ꝛc.

Gegeben Schloß Babelsberg, den 29. Juni 1869.

b) Verordnung,

betreffend die Kautionen der bei der Militair- und Marineverwaltung angestellten Beamten.

Vom 5. Juli 1871.

(B.G.Bl. S. 308. ausgeg. den 12. Juli 1871.)
(G.Bl. f. Elf.-Lothr. 1871. S. 393.)

mit der eingeschalteten abändernden Verordnung v. 14. Januar 1873.

Wir **Wilhelm** 2c. verordnen auf Grund der §§ 3. 7. und 16. des Gesetzes vom 2. Juni v. J., betreffend die Kautionen der Bundesbeamten (B.G.Bl. S. 161.), nach Einvernehmen mit dem Bundesrathe, im Namen des Deutschen Reichs, was folgt:

Artikel 1.

Zur Kautionsleistung sind die nachstehenden Beamtenklassen verpflichtet.

I. Im Bereiche der Militärverwaltung

A. Bei den Friedensverwaltungen und den immobilen Verwaltungen während des mobilen Zustandes der Armee, und zwar:

1) General-Militair-, General-Kriegs- und Militair-Pensionskasse:

a) General-Militair- und General-Kriegskasse:
die Rendanten, Ober-Buchhalter, Kassirer und Kassendiener;

b) Militair-Pensionskasse:
Rendant und Kontroleur;
c) Kriegs-Zahlamt, einschließlich Militair-Pensionsstelle (Königreich Sachsen):
Rendant (Kriegs-Zahlmeister);
2) bei den Miltair-Magazinverwaltungen:
die Proviantmeister, Reserve-Magazin-Rendanten, Depot-Magazin-Verwalter, Kontroleure und Backmeister;
3) bei den Montirungs-Depots:
die Rendanten und Kontroleure;
4) bei den Garnisonverwaltungen:
die Garnison-Verwaltungs-Direktoren, die Garnison-Verwaltungs-Ober-Inspektoren, die Garnison-Verwaltungs-Inspektoren und die Kasernen-Inspektoren;
5) bei den Lazarethverwaltungen:
die Ober-Lazareth-Inspektoren und Lazareth-Inspektoren;
6) bei dem medizinisch-chirurgischen Friedrich-Wilhelms-Institut:
der Rendant;
7) bei den Remonte-Depots:
die Remonte-Depot-Administratoren, die interimistischen Vorstände der Remonte-Depots;
8) bei den Invaliden-Instituten:
die Rendanten der Invalidenhäuser in Berlin und in Stolp, der Inspektor des Lazareths im Invalidenhause zu Berlin;

9) bei den technischen Instituten der Artillerie:
die Rendanten der Artillerie-Werkstätten und Pulverfabriken, die Materialien- und Fabrikaten-Verwalter bei den Artillerie-Werkstätten;

10) bei den Militair-Erziehungs- und Bildungs-Anstalten:

a) Kadettenhäuser:
die Rendanten, außerdem

bei dem Kadettenhause zu Berlin:
Verwalter, Rechnungsführer bei der Bekleidungskommission und Kassendiener;

bei den übrigen Kadettenhäusern:
die Hausverwalter und die Verwalter;

b) Knaben-Erziehungs-Institut zu Annaburg:
Rendant und Inspektoren;

c) Soldatenkinderhaus zu Stralsund:
der Rendant;

d) Erziehungs-Anstalt zu Kleinstruppen (Königreich Sachsen):
Inspektor;

e) Garnisonschule zu Potsdam:
der Rektor als Rendant;

f) Kriegs-Akadmie:
der Rendant;

11) Beamte, welchen die Verwaltung einer Kasse als Nebenamt gegen Vergütung übertragen ist.

B. **Bei den Feldverwaltungen, und zwar:**

1) bei den Feldkriegskassen:

Kriegszahlmeister, Kassirer, Buchhalter und Kassendiener;

2) bei den Feld-Proviant-Aemtern:

Feld-Ober-Proviantmeister, Feld-Proviantmeister, Feld-Magazin-Rendanten, Feld-Magazin-Kontroleure, Feld-Backmeister;

3) bei den Feldlazarethen:

Feldlazareth-Inspektoren, Feldlazareth-Rendanten.

II. Im Bereiche der Marineverwaltung.

Marine-Rendanten, Garnison-Verwaltungsbeamte in den vorstehend unter I. A. Nr. 4. bezeichneten Stellungen, Lazareth-Inspektoren, Marine-Kontroleure, Verwalter des Schiffslazareth-Depots zu Kiel, Kassendiener.

Artikel 2.

Die Höhe der von den vorbezeichneten Beamtenklassen zu leistenden Kautionen beträgt:

I. Im Bereiche der Militairverwaltung.

A. **Bei den Friedensverwaltungen und den immobilen Verwaltungen während des mobilen Zustandes der Armee:**

1) General-Militair-, General-Kriegs- und Militair-Pensionskasse:

a) General-Militair- und General-Kriegskasse:

aa) für die Rendanten 6000 Thaler,

bb) für die Ober-Buchhalter und Kassirer ein einjähriges Diensteinkommen,

cc) für die Kassendiener
ein halbjähriges Diensteinkommen;

b) Militair-Pensionskasse:
aa) für den Rendanten 3000 Thaler,
bb) für den Kontroleur
ein einjähriges Diensteinkommen;

c) Kriegs-Zahlamt, einschließlich Militair-Pensionszahlstelle (Königreich Sachsen):
für den Rendanten (Kriegszahlmeister) 3000 Thlr.;

2) Militair-Magazinverwaltungen:
a) für Proviantmeister mit einem jährlichen Diensteinkommen von 900 Thalern und darüber 3000 Thaler,
b) für Proviantmeister mit einem jährlichen Diensteinkommen von weniger als 900 Thalern, sowie für die Reserve-Magazin-Rendanten und Depot-Magazinverwalter
ein zweijähriges Diensteinkommen,
c) für die Kontroleure und Backmeister
ein einjähriges Diensteinkommen;

3) Montirungs-Depots:
a) für die Rendanten mit einem jährlichen Diensteinkommen von 900 Thalern und darüber 3000 Thaler,
b) für die Rendanten mit einem jährlichen Diensteinkommen von weniger als 900 Thalern
ein zweijähriges Diensteinkommen,
c) für die Kontroleure
ein einjähriges Diensteinkommen;

4) Garnisonverwaltungen:

a) für Garnison-Verwaltungsbeamte in selbstständigen Stellungen
mit einem jährlichen Diensteinkommen von 900 Thalern und darüber 3000 Thaler,
mit einem jährlichen Diensteinkommen von weniger als 900 Thaler
ein zweijähriges Diensteinkommen,
b) für Garnison-Verwaltungsbeamte in nicht selbstständigen Stellungen
ein einjähriges Diensteinkommen;
5) Lazareth-Verwaltungen:
für die Ober-Lazareth-Inspektoren und die Lazareth-Inspektoren
ein einjähriges Diensteinkommen;
6) Medizinisch-chirurgisches Friedrich-Wilhelms-Institut:
für den Rendanten 3000 Thaler;
7) Remonte-Depots:
a) für die Remonte-Depot-Administratoren 3000 Thlr.,
b) für die interimistischen Vorstände der Remonte-Depots
ein zweijähriges Diensteinkommen;
8) Invaliden-Institute:
a) für die Rendanten des Invalidenhauses in Berlin und in Stolp
mit einem jährlichen Diensteinkommen von 900 Thalern und darüber 3000 Thaler,
mit einem Diensteinkommen von weniger als 900 Thalern
ein zweijähriges Diensteinkommen,

b) für den Inspektor des Lazareths im Invalidenhause in Berlin
ein einjähriges Diensteinkommen;

9) Technische Institute der Artillerie:

a) für die Rendanten der Artilleriewerkstätten und und Pulverfabriken
ein zweijähriges Diensteinkommen,

b) für die Materialien- und Fabrikatenverwalter bei den Artilleriewerkstätten
ein einjähriges Diensteinkommen;

10) Militair-Erziehungs- und Bildungs-Anstalten:

a) Kadettenhäuser:

aa) für die Rendanten
mit einem jährlichen Diensteinkommen von 900 Thalern und darüber 3000 Thaler,
mit einem jährlichen Diensteinkommen von weniger als 900 Thalern
ein zweijähriges Diensteinkommen;

bb) für sonstige Beamte:
bei dem Kadettenhause in Berlin für die Verwalter, den Rechnungsführer bei der Bekleidungskommission und für den Kassendiener 300 Thaler,
bei den übrigen Kadettenhäusern:
für die Hausverwalter 200 Thaler,
für die Verwalter 150 Thaler;

b) Knaben-Erziehungs-Institut zu Annaburg:

aa) für den Rendanten

mit einem jährlichen Diensteinkommen von 900 Thalern und darüber 3000 Thaler,
mit einem jährlichen Diensteinkommen von weniger als 900 Thalern
ein zweijähriges Diensteinkommen;

bb) für die Inspektoren
ein einjähriges Diensteinkommen;

c) Soldatenkinderhaus in Stralsund:
für den Rendanten
ein einjähriges Diensteinkommen;

d) Erziehungsanstalt zu Kleinstruppen (Königreich Sachsen):
für den Inspektor
ein einjähriges Diensteinkommen;

e) Garnisonschule in Potsdam:
für den Rektor als Rendanten 300 Thaler;

f) Kriegs-Akademie:
für den Rendanten
ein zweijähriges Diensteinkommen;

11) Beamte, welchen die Verwaltung einer Kasse als Nebenamt gegen Vergütung übertragen ist:
den zweijährigen Betrag der Vergütung.

B. **Bei den Feldverwaltungen.**

1) Feld-Kriegskasse:
a) für den Kriegs-Zahlmeister 3000 Thlr.,
b) für den Kassirer und den Buchhalter 1000 Thlr.,
c) für den Kassendiener 150 Thlr.;

2) Feld-Proviantämter:
a) für den Feld-Ober-Proviantmeister, für die Feld-

Proviantmeister und die Feld-Magazin-Rendanten 1600 Thlr.,

b) für die Feld-Magazin-Kontroleure 700 Thlr.,

c) für die Feld-Backmeister 350 Thlr.;

3) Feldlazarethe:

für die Feldlazareth-Inspektoren und Feldlazareth-Rendanten bei den Feldlazarethen, stehenden Kriegslazarethen und Lazareth-Reservedepots,

ein zweijähriges Diensteinkommen.

Verordnung, betreffend die Beschaffung der Kautionen derjenigen Militairbeamten, welche bei den Feldverwaltungen angestellt werden.

Vom 14. Januar 1873.

(B.G.Bl. S. 37. ausgegeb. den 1. Febr. 1873.)

Feldbeamten der Militairverwaltung, welche die nach Art. 2. I. B. der Verordnung vom 5. Juli 1871 zu bestellende Kaution auf einmal zu beschaffen außer Stande sind, kann von dem vorgesetzten Feldintendanten unter dessen eigener Verantwortlichkeit ausnahmsweise gestattet werden, die Beschaffung der Kaution nachträglich durch Ansammlung von Gehaltsabzügen zu bewirken, welche nicht weniger als funfzig Thaler jährlich betragen dürfen.

Urkundlich 2c.

Gegeben Berlin, den 14. Januar 1873.

II. Im Bereiche der Marineverwaltung:

1) Für Marine-Rendanten:

mit einem jährlichen Diensteinkommen

a) von 900 Thalern und darüber 3000 Thaler,

b) unter 900 Thalern

ein zweijähriges Diensteinkommen;

2) für Garnison-Verwaltungsbeamte:

a) in selbstständigen Stellungen

mit einem jährlichen Diensteinkommen von 900 Thalern und darüber 3000 Thaler,
mit einem jährlichen Diensteinkommen von weniger als 900 Thalern
ein zweijähriges Diensteinkommen,

b) in nicht selbstständigen Stellungen
ein einjähriges Diensteinkommen;

3) für Marinekontroleure und für Lazareth-Inspektoren
ein einjähriges Diensteinkommen;

4) für den Verwalter des Schiffslazareth-Depots in Kiel und für Kassendiener
ein halbjähriges Diensteinkommen.

Artikel 3.

Bei der Anstellung von Beamten, welche die Kaution auf einmal zu beschaffen außer Stande sind, kann denselben von der vorgesetzten Dienstbehörde ausnahmsweise gestattet werden, die Beschaffung der Kaution nachträglich durch Ansammlung von Gehaltsabzügen zu bewirken. Diese Abzüge dürfen bei Unterbeamten und kontraktlichen Dienern nicht weniger als ein bis drei Thaler monatlich, bei anderen Beamten nicht weniger als funfzig Thaler jährlich betragen.

Auf Beamte in Rendanten- oder in Vorstandsstellungen, sowie auf solche Beamte, deren Kaution den einjährigen Betrag ihres Diensteinkommens übersteigt, finden die Bestimmungen dieses Artikels keine Anwendung.

Artikel 4,

aufgehoben durch Art. 3. und ersetzt durch Art. 1. u. 2. der Verordnung v. 14. Decbr. 1872 (s. o. Anm. 2. zu § 7. Ges. betr. die Kautionen 2c. v. 2. Juni 1869), lautete:

Kautionserhöhungen, zu welchen Beamte lediglich in Folge einer mit Beförderung nicht verbundenen Gehaltserhöhung verpflichtet sind, können durch Ansammlung der diese Gehaltsverbesserung bildenden Beträge aufgebracht werden.

Artikel 5.

Soweit einzelnen Beamten vor dem Erlasse dieser Verordnung die Beschaffung der für ihr Dienstverhältniß erforderlichen Kaution durch Ratenzahlungen oder Ansammlung von Gehaltsabzügen gestattet ist, bewèndet es bei den desfallsigen Festsetzungen.

Artikel 6.

Beamte, welche in dem im § 16. Satz 2. des erwähnten Gesetzes bezeichneten Falle sich befinden, haben den durch die Gehaltserhöhung ihnen zufließenden Mehrbetrag des Gehalts ganz zur Ansammlung der Kaution zu verwenden. Die vorgesetzte Dienstbehörde ist jedoch ermächtigt, bei Beamten, welche in beschränkten Vermögensverhältnissen sich befinden, auf deren Antrag die Ermäßigung der Gehaltsabzüge bis auf die Hälfte des Betrages der Gehaltserhöhung zu gestatten.

Artikel 7.

Die Ansammlung und Aufbewahrung der Gehaltsabzüge (Artikel 3 bis 6) geschieht bei derjenigen Kasse, welcher die Aufbewahrung der vollen Kaution obliegt.

Urkundlich ꝛc.

Gegeben Berlin, den 5. Juli 1871.

c) Verordnung,

betreffend die Kautionen der bei der Verwaltung der Reichs-Eisenbahnen in Elsaß-Lothringen angestellten Beamten.

Vom 27. Februar 1872.

(R.G.Bl. S. 59 ausgegeb. den 12. März 1872.)

(G.Bl. f. Elf.-Lothr. S. 154.)

Wir **Wilhelm** verordnen auf Grund der §§ 3, 7 und 16 des Gesetzes vom 2. Juni 1869, betreffend die Kautionen der Bundesbeamten (B.G.Bl. S. 161), nach Einvernehmen mit dem Bundesrathe, im Namen des Deutschen Reichs, für Elsaß-Lothringen was folgt:

§ 1. Zur Kautionsleistung sind die nachstehenden Beamtenklassen der Eisenbahnverwaltung verpflichtet:

1) der Hauptkassenrendant, der zum ständigen Vertreter desselben bestimmte Hauptkassenbuchhalter, der Hauptkassenkassirer und die Hauptkassendiener,
2) die Verwalter von Stationskassen, Güter- und Gepäckexpeditionskassen und deren ständige Assistenten, sofern sich dieselben instruktionsmäßig an der Vereinnahmung und Verausgabung von Geldern zu betheiligen haben,
3) die Verwalter der Betriebsmaterialien-Haupt- und Nebendepots, sowie der Werkstattsmaterialien-Depots,
4) die Packmeister bei den Personen- und Güterzügen.

§ 2. Die Höhe der von den vorbezeichneten Beamtenklassen zu leistenden Kautionen beträgt:

1) für

a) den Hauptkassenrendanten . . . . . 3000 Thlr.

b) den als ständigen Vertreter des Rendanten fungirenden Hauptkassenbuchhalter und den Hauptkassenkassirer

den Jahresbetrag des pensionsfähigen Gehalts,

c) die Hauptkassendiener

den halben Jahresbetrag des pensionsfähigen Gehalts;

2) für

a) die Stationskassenverwalter und diejenigen Verwalter von Güterexpeditionskassen, welche ihre Kassenbestände direkt an die Hauptkasse abliefern, jedoch ausschließlich der Verwalter von Haltestellen,

den doppelten Jahresbetrag des pensionsfähigen Gehalts,

b) die Gepäckexpedienten und diejenigen Verwalter von Güterexpeditionskassen, welche ihre Kassenbestände täglich an die Stationskasse abliefern,

den Jahresbetrag des pensionsfähigen Gehalts,

c) die bei den Stationskassen, Güter- oder Gepäckexpeditionskassen ständig fungirenden Assistenten, sofern sich dieselben instruktionsmäßig an der Vereinnahmung und Verausgabung von Geldern zu betheiligen haben,

den halben Jahresbetrag des pensionsfähigen Gehalts oder diätarischen Einkommens,

d) die Verwalter von Haltestellen 30 bis 100 Thlr.;

3) für

a) die Verwalter der Betriebsmaterialien-Hauptdepots und der Werkstattsmaterialien-Depots
den doppelten Jahresbetrag des pensionsfähigen Gehalts,

b) die Verwalter der Betriebsmaterialien-Nebendepots
den halben Jahresbetrag des pensionsfähigen Gehalts;

4) für

die Packmeister bei den Personen- und Güterzügen
den halben Jahresbetrag des pensionsfähigen Gehalts.

§ 3. Denjenigen Beamten, welche die Hälfte ihres pensionsfähigen Jahresgehalts oder diätarischen Jahreseinkommens oder einen geringeren Betrag als Kaution zu bestellen haben, bei ihrer Anstellung aber zur sofortigen Beschaffung außer Stande sind, kann von der Generaldirektion der Reichs-Eisenbahnen ausnahmsweise gestattet werden, die Kaution nachträglich durch Ansammlung von Gehaltsabzügen aufzubringen.

Diese Abzüge dürfen jedoch nicht weniger als 1 Thaler monatlich betragen. Die Generaldirektion bestimmt die Höhe der von den Verwaltern von Haltestellen zu bestellenden Kaution innerhalb der im § 2. unter 2d bezeichneten Grenze.

§ 4. Kautionserhöhungen, zu welchen Beamte lediglich in Folge einer mit Beförderung nicht verbundenen Gehaltserhöhung verpflichtet sind, können durch Ansammlung der diese Gehaltsverbesserung bildenden Beträge aufgebracht werden.

§ 5. Die Aufbewahrung der Kautionen, sowie die Ansammlung und Aufbewahrung der Gehaltsabzüge geschieht bei der Eisenbahn-Hauptkasse.

§ 6. Die Generaldirektion [1]) der Reichs-Eisenbahnen wird ermächtigt, den mit einem höheren als dem halben Jahresbetrage des pensionsfähigen Gehalts kautionspflichtigen Beamten, welchen die Verwaltung der kautionspflichtigen Stelle bei Erlaß dieser Verordnung bereits übertragen ist, die Aufbringung der Kaution durch Ansammlung von Gehaltsabzügen im Betrage von mindestens 50 Thalern jährlich zu gestatten, sofern und insoweit dieselben außer Stande sind, solche auf einmal zu erlegen.

Diese Ausnahmebestimmung findet keine Anwendung auf den Hauptkassenrendanten, den als ständigen Vertreter des Rendanten fungirenden Hauptkassenbuchhalter, Hauptkassenkassirer, die als Stationskassenverwalter fungirenden Rendanten, die mit dem doppelten Jahresbetrage des pensionsfähigen Gehalts kautionspflichtigen Güterexpedienten, sowie auf die Verwalter von Betriebsmaterialien-Hauptdepots und von Werkstattsmaterialien-Depots.

1) Allh. Erl. v. 9. Dec. 1871. (R.G.Bl. S. 480.)

Urkundlich 2c.

Gegeben Berlin, den 27. Februar 1872.

Sach-Register.

Die bloßen Zahlen bezeichnen die Paragraphen des Reichsbeamtengesetzes; die mit vorgedrucktem „K" die Paragraphen des Gesetzes über die Kautionen der Reichsbeamten. „Z" bezeichnet die dem erstgedachten Gesetze angefügte Zusammenstellung besonderer Bestimmungen.

A.

B.

C.

D.

E.

F.

G.

H.

J.

K.

L.

M.

N.

O.

P.

R.

S.

T.

U.

V.

W.

Z.

Wilhelm Gronau's Buchdruckerei in Berlin.

9) **Sammlung kleinerer Reichsgesetze.** Ergänzung der im J. Guttentag'schen Verlage erschienenen Einzelausgaben deutscher Reichsgesetze. F. Litthauer, Rechtsanwalt. Zweite Auflage. 1876. Cartonnirt 2 Mark.

10) **Das Reichsbeamtengesetz** vom 31. März 1873 mit dem Gesetze über die Kautionen der Reichsbeamten vom 2. Juni 1869 und den dazu ergangenen Verordnungen. Nebst einer Zusammenstellung der besonderen Vorschriften für einzelne Beamtenklassen. Von O. Grandke, Regierungsassessor. 1873. Cartonnirt 1 Mark.

11) **Civilprozeßordnung nebst Gerichtsverfassungsgesetz für das Deutsche Reich.** Von R. Sydow, Landrichter in Halle a. d. Saale. Cartonnirt in Einem Bändchen. 1877. 2 Mark.

12) **Strafprozeßordnung nebst Gerichtsverfassungsgesetz für das Deutsche Reich.** Von Dr. A. Dochow, ordentl. Professor in Halle a. d. S. 2. Aufl. 1880. Cartonnirt 1 Mk. 60 Pf.

13) **Konkursordnung für das Deutsche Reich.** Von R. Sydow, Landrichter in Halle a. d. Saale. 1878. Cartonnirt 80 Pf.

14) **Gerichtsverfassungsgesetz für das Deutsche Reich.** Von R. Sydow, Landrichter in Halle a. d. Saale. 1878. Cartonnirt 60 Pf.

15) **Gerichtskostengesetz. Gebührenordnung für Gerichtsvollzieher. Gebührenordnung für Zeugen und Sachverständige. Mit Kostentabellen.** Von R. Sydow, Landrichter in Halle a. d. Saale. 1879. Cartonnirt 60 Pf.

16) **Rechtsanwaltsordnung für das Deutsche Reich.** Von R. Sydow, Landrichter in Halle a. d. Saale. 1879. Cartonnirt 40 Pf.

17) **Gebührenordnung für Rechtsanwälte.** Von R. Sydow, Landrichter in Halle a. d. Saale. 1880. Cartonnirt 40 Pf.